dumont taschenbücher

Das Wesen des Bildes ist es, nicht abzubilden, sondern sichtbar zu machen, was ohne dies Bild nicht sichtbar wäre.

Hans Sedlmayr, 1896–1984, war Professor in Wien (1936–45) und München (1951–63) und einer der führenden Kunsthistoriker des 20. Jahrhunderts, Begründer der ›Strukturanalyse‹ in der Kunstgeschichte. Hauptwerke: *Österreichische Barockarchitektur*, München 1930; *Die Architektur Borrominis*, (1930) München 1939; *Über Michelangelo*, München 1940; *Größe und Elend des Menschen: Michelangelo, Rembrandt, Daumier*, Wien 1948; *Verlust der Mitte*, (1948) Salzburg 1976; *Die Entstehung der Kathedrale*, Zürich u. Freiburg i. Brsg. 1950; *Johann Bernhard Fischer von Erlach*, (1956) Wien 1976; *Kunst und Wahrheit. Zur Theorie und Methode der Kunstgeschichte*, (1958) München 1978; *Epochen und Werke. Gesammelte Schriften zur Kunstgeschichte*, (1960/61) München 1978.

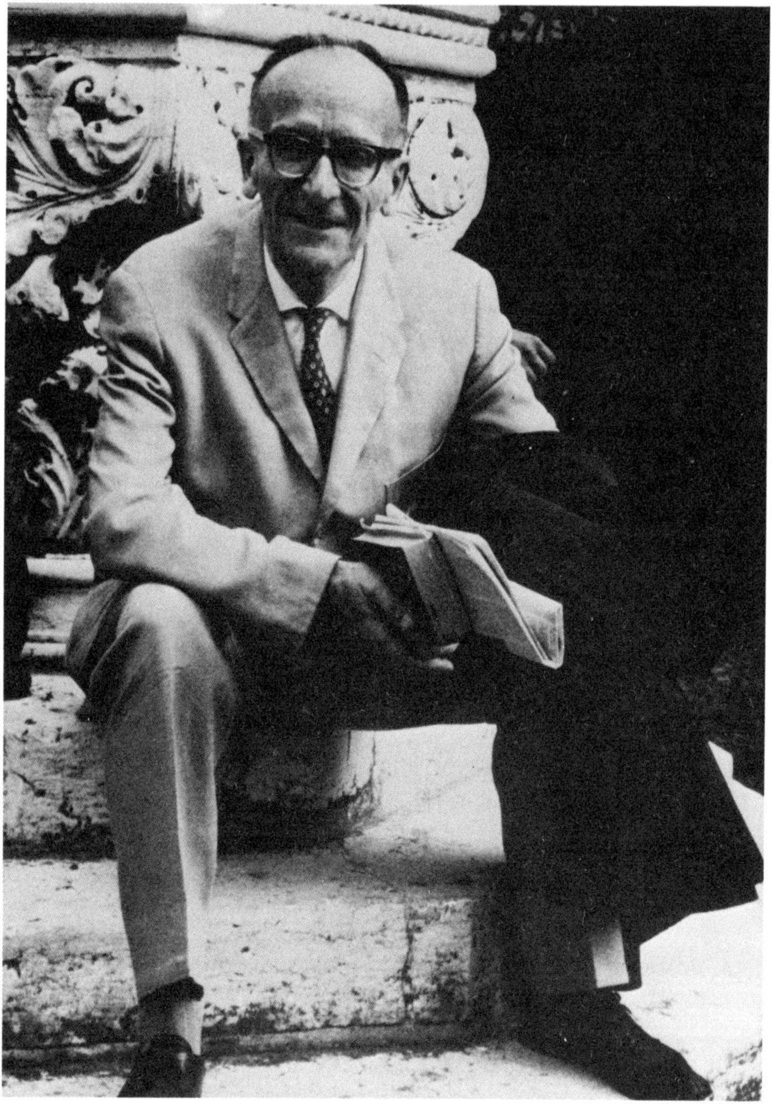

Hans Sedlmayr

Die Revolution der modernen Kunst

Mit einem Nachwort herausgegeben von Friedrich Piel

DuMont Buchverlag Köln

Umschlagvorderseite: *Paul Klee: Der Bote des Herbstes, 1922/69*
Seite 2: *Hans Sedlmayr, Padua, um 1962*

Satz und Druck: Rasch, Bramsche
Buchbinderische Verarbeitung: Bramscher Buchbinder Betriebe

Printed in Germany ISBN 3-7701-1765-4

Inhalt

Vorwort

Das Buch ›Verlust der Mitte‹ hat davon gehandelt, was die Kunst der letzten zwei Jahrhunderte vom Schicksal des Menschengeistes in dieser Zeit *verrät,* und nur nebenbei davon, was sie *ist.*

Diese Schrift handelt davon, was diese Kunst – die ihre Extreme zwischen 1905 und 1925 erreicht hat – im Grunde *ist,* was mit ihr geschehen ist, und nur nebenbei davon, wie sie *entstanden ist.*

Erst wenn diese Fragen beantwortet sind, wird man versuchen können, eine Kunst*geschichte* dieser Epoche zu schreiben.

Die wenigen Abbildungen zeigen nicht Meisterwerke der modernen Kunst, sondern Werke, an denen typische Tendenzen sozusagen in Überhellung anschaulich werden.

München, Januar 1955 *Hans Sedlmayr*

Einleitung: Was ist ›moderne Kunst‹?

Mit dem Wort ›moderne Kunst‹ wird – ob man es nun rühmend oder ablehnend gebraucht – die Vorstellung heraufgerufen, irgendwann in ›unserer Zeit‹ sei in der Kunst und durch sie etwas ›ganz Neues‹ entstanden, etwas, was diese ›moderne Kunst‹ und nur sie gründlich von aller ›alten Kunst‹ unterscheidet. Dieses in seinem Wesen mehr gefühlte als wirklich erkannte Neue wird leidenschaftlich verherrlicht und leidenschaftlich verdammt, es wird verstanden und mißverstanden. Dabei sind es durchaus nicht immer die Anhänger der modernen Kunst, die sie am besten verstehen. »Ein Werk, das Entsetzliches aussagt, wird besser von denen verstanden, denen das Entsetzen in die Glieder fährt, auch wenn sie dagegen wüten, als von denen, die nichts von sich geben als Ausbrüche des Entzückens über die Kunstleistung ... Wen das Entsetzen ergreift, der spricht nicht von frisson nouveau, ruft nicht Bravo und gratuliert dem Künstler nicht zu seiner Originalität!«[1] Ein Werk wiederum, das nichts geben will als ›Befriedigung aesthetischer Bedürfnisse‹, wird besser von denen verstanden, die es rein aesthetisch genießen, als von denen, die ihm eine ›tiefere Bedeutung‹ anfühlen, von deren Ballast es sich gerade befreien wollte. Aus dieser unabsehbaren Verwirrung der Fronten kann Klarheit niemals entstehen. Zwischen den streitenden Parteien bleibt am Boden die Frage liegen: Was ist diese Kunst, die

---

[1] Erich Auerbach: *Vier Untersuchungen zur Geschichte der französischen Bildung* (A. Francke Verlag, Bern 1951), in dem auch für die bildende Kunst wichtigen Kapitel über ›Baudelaires Fleurs du Mal und das Erhabene‹ S. 127 [frisson = Schauder, Anm. d. Red.]

sich selbst die ›moderne‹ genannt hat, im Grunde? Was unterscheidet sie von anderer Kunst unserer Zeit, die nicht modern ist? Hat es überhaupt einen Sinn von ›der‹ modernen Kunst zu reden, wenn in ihr solche Widersprüche möglich sind wie zum Beispiel die ›abstrakte‹ Malerei und der Surrealismus?

Diese Fragen sind entschieden viel wichtiger, viel wesentlicher und deshalb auch interessanter als die anderen: was hält dieser oder jener Künstler, Kunstkritiker, Kunsthistoriker von der modernen Kunst? Denn nur wo diese Fragen beantwortet sind, ist es möglich, sich für oder gegen die moderne Kunst, für oder gegen eine ihrer Richtungen, für oder gegen bestimmte ihrer Charakterzüge mit Gründen zu entscheiden. Sich mit Gründen zu entscheiden ist aber Merkmal wahrhaft menschlicher Entscheidung. »Wer sich auf das Gefühl, das inwendige Orakel beruft, ist gegen den, der nicht übereinstimmt, fertig; er muß erklären, daß er dem weiter nichts zu sagen habe, der nicht dasselbe in sich finde und fühle – mit anderen Worten: er tritt die Wurzel der Humanität mit Füßen. Denn die Natur dieser ist auf Übereinstimmung mit anderen zu dringen.«[1]

Es käme also offenbar darauf an, eine objektive Methode zu finden, die es möglich macht, diese Fragen mit aller Bestimmtheit zu beantworten. Und es gibt eine solche Methode.

›Moderne Kunst‹ – unzureichende Bestimmungen

Um diese Methode anzuwenden, ist es notwendig, zuerst zu vereinbaren, was zunächst moderne Kunst heißen soll; ihre tiefere Bestimmung wird damit nicht vorweggenommen.

Viele Richtungen der vergangenen Kunst haben sich als ›modern‹ erklärt. Davon, daß schon der Erbauer der ersten gotischen Kathedrale an seinem Werk das ›opus modernum‹ von dem ›opus antiquum‹ unterschied, können wir absehen. Aber schon das Rokoko

---

1 Georg Wilhelm Friedrich Hegel: *Einführung in die Phänomenologie des Geistes.*

wurde von Zeitgenossen ›style moderne‹ genannt. Was wir ›Jugendstil‹ zu nennen pflegen, hieß in England um 1890 ›modern style‹. Es wäre willkürlich, alle ›Kunst des 20. Jahrhunderts‹ moderne Kunst zu nennen; viele Richtungen des 20. Jahrhunderts sind heute in keinem Sinn mehr modern. Modern können nur jene Richtungen heißen, die noch heute, im Jahre 1955, das Schaffen wesentlich bestimmen. Das sind im wesentlichen: das konstruktivistisch-funktionalistische Bauen, die sogenannte abstrakte (absolute) Malerei und Plastik und der Surrealismus. Von anderen Richtungen, die am Beginn des 20. Jahrhunderts modern gewesen sind – Spätimpressionismus, ›Nabis und Fauves‹, Expressionismus, Futurismus, Kubismus usw. –, leben heute nur noch nachzüglerische Reste, oder was von ihnen lebt, ist in die heute ›moderne‹ Kunst aufgegangen. Gewiß wird man, wenn man die heute modernen Richtungen zu verstehen sucht, manche vergangenen Bewegungen mit in die Betrachtung einbeziehen müssen. Aber wo die Anfänge der ›modernen Kunst‹ liegen, versteht man erst, wenn man bestimmt hat, was sie *ist.*

Zweitens: Wir können von der ›modernen Kunst‹ nur das berücksichtigen, was echt an ihr ist. Wir müssen absehen von einer Unmenge von Erscheinungen, die mit dem echten Anliegen der modernen Kunst im Grunde nichts zu tun haben, sondern sich ihr nur oberflächlich angleichen, aus dem Trieb, sich ›auf der Höhe der Zeit‹ zu zeigen, billigen Ruhm zu erwerben und zu Geld zu kommen. Niemand kann leugnen, daß in unserem Jahrhundert, mehr als in jedem anderen – schon die Zahl der ›Künstler‹ ist Frevel – gefördert, ja zum Teil provoziert durch die Verantwortungslosigkeit und Gewinnsucht eines gewissen Kunsthandels und durch die Urteilslosigkeit eines großen Teils der Tagespresse, das Unechte das Echte überwuchert, ja daß starke Interessen bestehen, die Grenzen zwischen dem Echten und dem Unechten nicht erkennbar zu halten oder gar für grundsätzlich unerkennbar zu erklären. Doch gibt es natürlich solche Kriterien der Unterscheidung: am unechten Werk ist (wie am unechten Gefühl) die Erscheinung nur von *außen,* aus einem Wissen um das Erscheinungsbild gemacht, und zwar lückenhaft gemacht (Philipp Lersch). Aber das geht uns hier nichts an. Wir entziehen diese Untersuchung der »Atmosphäre einer Welt, die sich verschworen hatte, die düsteren Prognosen Lügen zu strafen durch ihren gewollten, so dreisten wie ohnmächtigen Optimismus, durch ihre Duldsamkeit, die lässiger und skeptischer war als je vorher, durch ihren Hang von allem zu kosten, unter einer Bedingung, daß es zuvor alle zeugende Kraft und verantwortliche Strenge eingebüßt habe, durch ihre dilettantische Lüsternheit nach ausgeklügelten Exotismen, nach der Seelenlosigkeit des Mechanischen, nach der Dummheit als höchstem Symbol, nach einer nihilistischen Geistigkeit, gepaart mit asiatischer Anbetung des Scheußlichen – durch ihren glatten und lebensmüden Indifferentismus, ruhend auf einer fatalistischen Lehre vom Fortschritt, welche sich zu der beseeligenden Vision einer künstlich solidarisierten und normalisierten Gesellschaft, eines kollektiven Homunkulus entfaltet«[1]. Wir sehen von diesem Mitläufertum des Zeitgeistes, mag seine Zahl auch Legion sein, einfach ab: »Non ragionam di lor ma guarda e passa« (Dante).

Die Antwort auf unsere Frage kann man nicht in dem suchen, was moderne Künstler über ihre Kunst selbst zu sagen wissen. Zwar ist die moderne Kunst die erste, die sich von ihren Anfängen an mehr als jede andere und oft in schmerzlicher Weise ihrer Lage bewußt geworden ist. Es gibt in ihr tiefe Selbsterkenntnis, aber es gibt auch bodenlose Selbsttäuschung. Wer die Antwort auf die kardinale Frage dem Selbstbewußtsein moderner Künstler entnehmen möchte, wird sich in einem Gestrüpp von falschen und richtigen Selbstdeutungen ausweglos verirren.

Aber auch das geschichtliche Wissen allein – das sollte endlich klar sein – kann die ›moderne Kunst‹ in ihrem Wesen nicht erklären. Aus welchen geschichtlichen Voraussetzungen die moderne Kunst erwachsen ist, das läßt sich nur in dem Maße erforschen, als man vorher verstanden hat, was diese ›moderne Kunst‹ im Grunde *ist.* Die Erkenntnis ihrer Geschichte ist – wie die jeder historischen Erscheinung – abhängig von der Erkenntnis ihres Wesens.

---

[1] Wjatscheslaw Iwanow: *Rückblick. An Charles Du Bos.* Abgedruckt in dem Auswahlband ›Der wahre Alte‹ (Suhrkamp Verlag, o.J.), S. 154–55. – Vgl. dazu Rudolf Schlichter: *Das Abenteuer der Kunst* (Rowohlt Verlag, 1949), S. 83–84.

Was die ›moderne Kunst‹ im Grunde ist, aus welchen geheimen Motiven des Geistes sie erwachsen ist, zu welchen ihr selbst kaum bewußten Zielen sie drängt, das kann niemand verraten als sie selbst.

Der mögliche Weg: Bestimmung der Primärphänomene

Zum Verständnis des Wesens einer Erscheinung, also auch zum Verständnis der modernen Kunst, gibt es ein klassisches Verfahren. Es besteht in der Rückführung einer Vielfalt sich entfaltender Teilphänomene auf ihre gemeinsame Wurzel, auf ein Primärphänomen. Dieses Primärphänomen (das man auch Axiom oder ›Radikal‹ nennen kann) kann selbst nicht mehr weiter abgeleitet, sondern nur ›angeschaut‹ werden; man kann auch nicht mehr nach Ursachen dieses Phänomens fragen, sondern – viel bescheidener – höchstens noch nach den geschichtlichen *Bedingungen,* unter denen es auftritt[1].

Daß man das Primärphänomen richtig erschaut hat, bewahrheitet sich eben daran, daß man aus ihm jene Teilphänomene ableiten, ja geradezu produzieren kann, die man vorher nur als faktisch vorhandene konstatieren konnte und hinnehmen mußte.

Ob man mit der Frage nach dem Wesen der modernen Kunst zu einer einzigen Wurzel geführt wird oder zu mehreren voneinander unabhängigen, das ist nicht von vornherein auszumachen, nur die Erfahrung kann es lehren. Die Untersuchung ergibt, daß man – wie es von vornherein als wahrscheinlicher zu erwarten war – zu mehreren Primärphänomenen kommt, aber doch nur zu wenigen. Aus jedem von ihnen läßt sich eine erstaunliche Fülle spezieller wohlbekannter Erscheinungen der modernen Kunst einsichtig, mit einer inneren, sozusagen anschaulichen Logik ableiten.

---

[1] Hans Sedlmayr: *Die Grenzen der Stilgeschichte und die Kunst des 19. Jahrhunderts.* In: ›Festschrift für Franz Schnabel‹ (Historisches Jahrbuch der Görresgesellschaft, München 1955). – Dort begründe ich die hier skizzierte Methode genauer.

Es wäre nun nichts verkehrter, als zu meinen, daß durch die Rückführung auf wenige Primärphänomene das Ganze des historischen Geschehens, an dessen Ende die heute ›moderne Kunst‹ steht, ›konstruiert‹ werden sollte. Ein solcher Versuch wäre selbst von äußerster und gefährlicher Abstraktheit. Es werden dabei nur Horizonte durch das historische Geschehen gelegt und Fluchtpunkte des Geschehens ermittelt. Immer gibt es neben Bewegungen, die das neue Axiom konsequent weiterführen, solche, die es nicht mitmachen, es konservativ ignorieren, solche, die die neue Tendenz zu bremsen versuchen, und solche, die ihr ›reaktionär‹ oder ›restaurativ‹ in aktiver Resistance widerstehen. Doch werden auch diese Gegenbewegungen – welche in hohem Maße in der Freiheit des einzelnen stehen – noch mitgeprägt von jenen Bewegungen, gegen die sie sich wenden. Es sind wohl immer nur ganz wenige, die sich dem Dilemma ihrer Zeit ganz zu entziehen und sozusagen schon in der kommenden Zeit zu leben vermögen. Aber dieses ganze Spiel und Widerspiel von Kräften – ›Herausforderung und Antwort‹ – wird sichtbar erst, wenn es gelingt, der Primärphänomene ansichtig zu werden. Von da her erst wird das wirkliche Leben der Geschichte in seinem inneren Reichtum, mit seinen Umschlägen und Widersprüchen des Geistes und der Größe und Erbärmlichkeit des Menschen bis zu einem gewissen Grade wenigstens durchschaubar. Wie für die Natur gilt auch für die Geschichte: »Denn wie weit und wie tief der Menschengeist sich in seine und ihre Geheimnisse zu versenken vermöge, werde nie bestimmt noch abgeschlossen.« (Goethe)

Diese Methode der Rückführung auf die Primärphänomene hat entscheidende Vorzüge. Ihre Ergebnisse können widerlegt werden, indem man zeigt, daß durch die Annahme eines anderen Primärphänomens die gleichen Teilphänomene besser und tiefer erklärt werden können. Auch bildet sich auf diese Weise ein Gefüge von Erkenntnissen, das immer erweiterbar bleibt. Es bleibt die Möglichkeit offen, durch Heranziehen eines weiteren Primärphänomens Erscheinungen und Verhältnisse zu erklären, die von den bisherigen Annahmen her nicht erfaßt werden konnten. Dem subjektiven Meinen wird schrittweise der Boden entzogen.

Für die Erkenntnisse der Primärphänomene ist es gleichgültig, ob und in welchem Maße ihre Tendenzen den Schaffenden bewußt geworden sind. Die Ideologien der ›modernen Kunst‹ sind für den Prozeß – der mit innerer Folgerichtigkeit verläuft – und für sein Ergebnis unwichtig. Wichtig ist nur, daß die Künstler, bewußt oder unbewußt, so schaffen, als hätte ihnen ein Weltgeist eingegeben, dem Axiom gemäß zu schaffen. Wir sehen in unserer Darlegung von jenen Ideologien und Utopien im allgemeinen ganz ab und ziehen sie gelegentlich nur dort heran, wo Praxis und Ideologie sich decken.

Unsere Ergebnisse »rechtfertigen sich aus dem, was man damit an Erkenntnissen gewinnt«. Sie geben Einsicht in den inneren notwendigen Zusammenhang eines Prozesses, dessen Resultate vor uns stehen.

Übereinstimmungen bahnen sich an

Doch ist es für die Sache nicht unwichtig, daß auch andere Forscher im wesentlichen zu den gleichen Ergebnissen gekommen sind. So für die bauende und bildende Kunst PETER MEYER, dessen ungemein klare Exposition der ›Kunst im technischen Zeitalter‹ (im zweiten Band seiner ›Europäischen Kunstgeschichte‹ 1948) von der Kritik nicht genügend verstanden oder nicht genügend beachtet worden ist. So, für die Dichtung vor allem, aber auch für die bildende Kunst WLADIMIR WEIDLÉ in seinem großartigen Buch ›Les abeilles d'Aristée‹ (in erster Auflage schon 1936, in zweiter bedeutend erweiterter Auflage 1954 bei Gallimard in Paris erschienen). Fast noch wichtiger aber ist es, daß von ganz anderen Voraussetzungen ausgehend WERNER HAFTMANN auf den entscheidenden Seiten 281–283 seines Buches ›Malerei im 20. Jahrhundert‹ (1954 im Prestel Verlag, München), auf denen ein Ansatz zu einer Theorie der modernen Kunst gegeben wird, zu ganz ähnlichen Ergebnissen gekommen ist (siehe unten Seite 137ff.).

Es bahnt sich also eine Übereinstimmung in der Erkenntnis des Wesentlichen der modernen Kunst an, unabhängig von ihrer Bewertung. Und mehr ist nicht zu verlangen.

Was bedeutet die ›moderne Kunst‹ historisch?

Wer sich die Voraussetzungen der ›modernen Kunst‹ (die wir durch vier Primärphänomene bestimmen werden) zu eigen macht, müßte in anschaulicher Folgerichtigkeit zu denselben Ergebnissen kommen wie die modernen Künstler auch.

Aber er wüßte noch nicht, warum die modernen Künstler gerade von *diesen* Voraussetzungen ausgehen, was sie ihnen bedeuten. Das wird erst durch die Frage geklärt, welchen ›höchsten Interessen‹ (HEGEL) des modernen Menschen sich die ›moderne Kunst‹ anpaßt (Erste Perspektive). Diese Frage führt über den Bereich der Kunst hinaus. Erst wenn sie beantwortet ist, wird eine Entscheidung ›mit Gründen‹ möglich. Denn erst dann weiß man, wofür man sich im Grunde entscheidet, wenn man diese Voraussetzungen annimmt.

Zugleich wird aber so erst verständlich, was die moderne Kunst *historisch* bedeutet: die ungeheuerste Revolution, die sich in der Kunst je abgespielt hat (Zweite Perspektive).

Erste Bestimmung: Das Streben nach ›Reinheit‹

Ein Primärphänomen jener Bewegungen, die die ›moderne Kunst‹ vorbereiten und sozusagen den Nährboden für sie bilden, ist das Streben der Kunst und aller Künste, ganz ›rein‹ zu werden. Reinheit bedeutet dabei – wie sich sogleich zeigen wird – zunächst nichts als das Freisein von Elementen oder Bestandteilen aller anderen Künste, ist also ein negativer, geradezu chemischer Begriff von Reinheit, dessen Eigentümlichkeit zu bestimmen ist. Statt ›rein‹ kann man auch sagen pur, autark, autonom, doch geht dieser letzte Begriff über den der Reinheit – wie sich gleichfalls zeigen wird – schon hinaus. Am besten wird diese Tendenz wohl durch die Bezeichnung ›absolut‹ getroffen, denn in ihr klingen zwei Hauptbedeutungen dieses Strebens nach Reinheit an: das Unbedingte und das Sich-Loslösen.

Was dieses Streben nach Reinheit im Grunde *bedeutet,* das ist dann die zweite Frage. Fürs erste genügt es, daß aus diesem vorausgesetzten ›Streben nach Reinheit‹ eine erstaunliche Anzahl ganz verschiedener Erscheinungen im Felde der ›modernen Kunst‹ sich anschaulich deduzieren und einsichtig machen läßt.

I Die ›reine‹ Architektur

Das Streben nach Reinheit hat sich am frühesten in der Baukunst geoffenbart. Bereits am Vorabend der Französischen Revolution um 1770–80 zeigt es sich mit Entschiedenheit bei den französischen Revolutionsarchitekten. Schon deshalb läßt es sich nicht aus den neuen Werkstoffen ableiten: Die Werkstoffe Eisen und Glas, Stahl und Glas sind erst im 19. Jahrhundert erschienen und zuerst an Aufgaben, die man nicht zur Architektur rechnete: an den ›Glashäusern‹ englischer Parks und botanischer Gärten, dann seit 1850 in den ›Kristallpalästen‹ der Weltausstellungen. Beton und Eisenbeton erscheinen erst an der Wende vom 19. zum 20. Jahrhundert.

Schon im Empire wird die reine Architektur wieder zurückgedrängt, und die Tendenz bleibt bis zur zweiten Revolution am Beginn des 20. Jahrhunderts unterirdisch. Um und bald nach 1900 zeigt sie sich zum zweitenmal: jetzt wird in der zweiten Revolution die Stufe, die vor 1789 erreicht war, noch einmal in einem neuen Anlauf erreicht (vgl. Abb. 7 mit Abb. 11), aber bald durchschritten und verlassen[1].

Setzt man dieses Streben nach Reinheit voraus, so ergibt sich aus ihm die Gestalt, welche die ›autonome‹ Baukunst annimmt und annehmen muß, von selbst.

Um ›rein‹, um ›autonom‹ zu werden, muß die Baukunst alle Elemente anderer Künste, mit denen sie bis ans Ende des Barock und Rokoko (und noch darüber hinaus) verbunden war, aus sich ausstoßen, nämlich: erstens die szenischen, malerischen, plastischen und ornamentalen; zweitens die symbolischen, allegorischen und repräsentativen; drittens das anthropomorphe Element. Eigentlich müßte sie, viertens, auch das ›gegenständliche‹ Element ausstoßen, das ist aber – was man nicht erkannt hat – in der Baukunst der ›Zweck‹, die ›Aufgabe‹. Erst eine zwecklose, an Aufgaben nicht gebundene Baukunst wäre ganz ›rein‹, Baukunst um der Baukunst willen. Diesen letzten Schritt kann das Bauen aus naheliegenden Gründen nicht vollziehen. Es nähert sich ihm aber dort, wo der Zweck nicht ernst genommen, sondern nur zu einem Vorwand wird, um ›rein architektonische‹ Ideen zu verwirklichen. Und auch dafür gibt es Beispiele genug.

---

[1] An der Architektur der beiden Revolutionen hat Emil Kaufmann die Tendenz zur Autonomie zum erstenmal klar erkannt und herausgearbeitet. Seine so bedeutende Entdeckung ist niedergelegt in dem Buche *Von Ledoux bis Le Corbusier* (1931) und in mehreren Aufsätzen. Mit ihr beginnt eigentlich die exakte Erkenntnis des Wesens der modernen Kunst.

Die Ausstoßung des Malerischen aus der Baukunst

Malerisch nennen wir Elemente, deren Gestalt der tastenden Vorstellung unerklärlich, sinnlos wäre, die sich vielmehr nur im optischen Eindruck zu einer sinnvollen Form verwandeln. Malerisch ist ein Kapitell, das durch gebohrte Löcher und Rillen eine Gestalt erzeugt – eine Scheinform oder Wirkungsform –, die es ›objektiv‹ nicht besitzt. Malerisch ist es, die fließenden Übergänge von Licht und Schatten an architektonischen Flächen in den künstlerischen Kalkül miteinzubeziehen. Malerisch-szenisch ist es, wenn in der Apsis einer barocken Kirche wirkliche Säulen mit an die Wand gemalten sich zu einer Kolonnade verbinden. Malerische Elemente duldet die autonome Baukunst nicht. Im Grunde fordert die Ausstoßung des Malerischen auch einen Verzicht auf die Farbe. Das Ideal wären rein weiße Gebäude.

Daß malerische Elemente aus der Baukunst wieder ausgeschieden worden sind, ist auch in älteren Epochen vorgekommen, historisch gesehen ist es kein entscheidender Schritt.

*Die Ausstoßung des Plastischen aus der Baukunst
Tod des Ornaments*

Viel tiefer greift das Ausstoßen der plastischen Elemente, das sich aus dem Streben nach einer ›reinen‹ Baukunst ergibt. Denn wo es konsequent durchgeführt wird, bedeutet es einen Bruch mit Jahrtausende alten Traditionen.

Hätte die Revolutionsarchitektur nur jenes plastische Durchmodellieren der tektonischen Baukörper aufgegeben, das dem Barock so wichtig gewesen war, so wäre der Bruch noch kein entscheidender. Er reicht aber viel tiefer.

Denn Architektur und Plastik stehen von der ersten Hochkultur angefangen in der ganzen Welt in engstem Konnubium. Manche ihrer Formen sind sogar aus derselben gemeinsamen Wurzel

[1] Menhir (keltisch) = vorgeschichtlicher Kult-Stein (Die Red.)

erwachsen: aus dem Menhir[1] entstehen sowohl die monumentale Freifigur wie der tektonische Obelisk und vielleicht auch die Säule.

Die echte Säule – eine der großartigsten Erfindungen des Menschengeistes – ist sowohl tektonisches wie plastisches Gebilde. Tektonisch ist ihr Aufgerichtetsein, tektonisch ist die Platte, auf der sie steht und die sie trägt, tektonisch ist ihr Gebälk. Dabei ist sie keineswegs – wie das rationalistisch funktionalistische Mißverständnis des 19. Jahrhunderts es wahrhaben wollte – bloßes Symbol ihrer materiellen Funktionen: des Tragens und Lastens. Sondern sie ist von Anfang an hohe Würdeform und echtes Symbol eines geistigen Weltverhaltens, des gleichen Aufgerichtetseins, das auch den Menschen über das Tier erhebt (W. Mrazek). Erst im großen Ausverkauf der Würdezeichen und Symbole im 19. Jahrhundert ist sie entwertet und materialistisch mißverstanden worden.

Tektonisch leistet ein viereckiger Pfeiler das gleiche wie eine Säule. Die reine Säule aber – Werk des griechischen Geistes – ist die denkbar sublimste Vermählung tektonischer und plastischer Werte, von Geist und Leib, Logos und Mythos.

Durch diese Verbindung steht sie in tiefem Bezug zur Sphäre des Menschlichen. Daß ihre Maße ideell auf die Maße des menschlichen Leibes bezogen werden, daß an Stelle von Säulen menschliche Leiber treten können, sind nur die faßbarsten Momente ihrer wesentlichen Menschlichkeit. An dem Bereich des Plastischen hat sie teil durch die Verjüngung und die Schwellung ihres Schafts und die plastische Durchgestaltung ihrer Basis, ihres Kapitells und ihres Gebälks.

Bis zum Ende des 18. Jahrhunderts beruht fast alle hohe Architektur auf der Säule oder auf Formen, die zu ihr in abgeleiteter Beziehung stehen wie der Pilaster oder der Rundpfeiler mit Kapitell, aber auch die ›Dienste‹ der mittelalterlichen Baukunst.

Es ist deshalb ein Ereignis von wahrhaft säkularer Bedeutung, daß die revolutionäre Baukunst der Säule den Abschied gibt. An ihre Stelle tritt der ›rein‹ tektonische vierkantige Pfeiler, der auf das Kapitell verzichtet und bald Formen annimmt, die auf den Kopf gestellt werden können, ohne daß es bemerkbar wäre. Wo die Säule noch beibehalten wird, verblocken ihre Glieder, sie nehmen die Gestalt geometrischer Elementarformen an.

Der Bruch mit der Vergangenheit hat sich schon am Vorabend der Französischen Revolution vollzogen, am Beginn des 20. Jahrhunderts wird er endgültig. Dafür sind dann die fadenscheinigsten Gründe angegeben worden: das Material des Eisens und des Betons widerstrebe der Säule. Als ob Marmor und Ziegel von sich aus zur Gestalt der Säule drängten! Wäre der Wechsel des Materials triftig, so hätte beim Übergang vom Bauen in Holz zum Bauen in Stein und zum Bauen in Ziegel die Säule verschwinden müssen. Nein, nicht der Wechsel der Werkstoffe ist die Ursache ihres Todes. Die Säule muß jetzt verschwinden, weil jedes plastische Element ausgeschieden werden muß, damit die ›reine‹ Baukunst, die Baukunst aus reinen Flächen entstehe. An Adolf Loos' Michaelerhaus in Wien, 1908, war sie noch einmal da, aber nur mehr als Verkleidung des ›ganz Anderen‹, Neuen.

Plastisch-tektonisch ist aber nicht nur die Säule. Plastisch-tektonisch ist überhaupt das, was die Renaissancetheorie die ›Ordnungen‹ nennt und alles was zu ihnen gehört, hinab bis zu den Balustern und Konsolen. Plastische Elemente enthält keineswegs nur die antike Architektur, sondern auch die vor- und nachantike, auch die romanische, auch die gotische, in anderer Weise auch die außereuropäische Architektur. Alle diese plastischen Bestandteile der Architektur verblocken jetzt tektonisch in einer ersten Phase und verschwinden in einer zweiten.

Plastisch sind vor allem die ›Profile‹. Deshalb wird die reine Architektur ›profillos‹. Nicht einmal als Abschluß eines Baublocks kann sie ein Gesims oder Profil dulden: sie schließt jetzt in reiner Kante.

Wie das plastische Element muß auch das Ornament verschwinden, das gemalte ebenso wie das plastische. Wo es in einer ersten Phase der großen Purifikation noch beibehalten wird, verbindet es sich nicht mehr mit dem Bau und deshalb auch nicht mehr mit Möbel und Gerät. Es wird nach dem treffenden Wort Emil Kaufmanns zur ›Applike‹, die abgenommen werden könnte, ohne daß sich an der reinen Tektonik etwas ändern würde. In der zweiten Phase der Revolution wird dann das Ornament leidenschaftlich abgelehnt: »Ornament ist ein Verbrechen« (Adolf Loos).

Mit der Säule – die als ein bloß klassizistisches Element zu verstehen, schon ein tiefes Mißverständnis ist – ist ein Hauptsymbol des Menschlichen, des Aufgerichtetseins verschwunden. Doch bleiben in der Revolutionsarchitektur des 18. Jahrhunderts noch Formen erhalten, die ihrerseits sich auf den menschlichen Leib beziehen. Die stehenden Türen und Fenster, auch die profillos gewordenen, sind noch immer Rahmen um die imaginäre menschliche Gestalt. In der zweiten Revolution wird auch dieser Bezug verlorengehen.

Weitere Folgen des Purismus

Einer ›autonomen‹ Architektur muß die symbolische und allegorische Bedeutung von Baugliedern überflüssig und störend werden. Die erste Revolution kennt noch solche symbolischen Bedeutungen. Wenn der Anführer dieser Revolution, Ledoux, dem Friedhof von Chaux die Gestalt einer riesigen Kugel gibt, so ist ihm, wie er selbst bekennt, die Gestalt der Kugel Symbol der Ewigkeit. Wenn sein Gesinnungsgenosse Boullée für das riesige Kenotaph Newtons die Kugelgestalt wählte, so deshalb, weil sie eine figürliche Anspielung auf den Geist ist, der die Gesetze des Alls erforschte. Wenn Ledoux in seiner idealen Industriestadt Chaux ein Haus sich aus vier riesigen Reifenflächen bilden läßt, so ist dies eine bombastische Anspielung auf den Bewohner des Hauses: den Reifenmacher. In einer konsequent autonomen Architektur müssen solche symbolischen Bedeutungen fallen.

Es ist nicht notwendig, daß ein Bau als ›architecture parlante‹ durch seine Gestalt seine Bestimmung repräsentiert. Die autonome Baukunst genügt sich selbst.

Das letzte Ideal einer autonomen Baukunst, die nichts darstellt als ihr eigenes Wesen, wäre ein Absehen auch von der Aufgabe. Wenn dieses Ideal aus naheliegenden Gründen in einer Kunst, die an Zwecke gebunden bleibt, sich konsequent nicht realisieren läßt, so ist die Hinneigung zu diesem Ideal doch unverkennbar festzustellen. Wenn Ledoux, praktisch absurd, dem Haus der Flurwächter die Gestalt der Kugel gibt, so ist das nur so zu verstehen. Die Aufgabe wird nur zum Vorwand, zur Formgelegenheit, um eine absolut

›reine‹ Form zu realisieren. Dies ist in jedem Sinn ›absolute‹ Architektur; dieser vom Zweck und Gegenstand losgelöste Bau ist schon das architektonische Analogon zu der absoluten (gegenstandslosen) Malerei und Plastik, die kommen wird.

Die reinste Darstellung des tektonischen Ideals sind der Kubus und das Prisma. Sie zeigen die drei orthogonalen Grunddimensionen des Raums, auf dem alle reine Tektonik beruht, in absoluter Reinheit. Dies sind die Gestalten jener tektonischen Urelemente, mit deren Schöpfung das tektonische Weltalter begonnen hatte: der orthogonale behauene prismatische Quader, der Ziegel und das behauene Holz. Deshalb wird das Würfelhaus die Idealform der ganz ›rein‹ gewordenen Architektur. An Gebäuden, die keiner Fenster bedürfen, sondern ihr Licht rein von oben empfangen, könnte es sich am reinsten darstellen. So treten denn, ganz folgerichtig, in der ersten Revolutionsarchitektur solche Entwürfe auf und werden in der zweiten wiederkehren.

An zweiter Stelle steht die Pyramide, auch sie ist Thema zahlreicher Entwürfe der ersten Revolution.

Es ist nicht zu verkennen, daß in diesem kompromißlosen Purismus die Suche nach dem Absoluten sich mit einer Energie ausspricht, die etwas Faszinierendes hat.

Es genügt nicht, das erzeugende Prinzip der autonomen Baukunst bloß theoretisch verstanden zu haben. Um seinen Geist und sein Pathos ganz zu verstehen, muß man es – mindestens versuchsweise – einmal bejaht, es sich innerlich zu eigen gemacht haben. Man muß sich in den Geist seiner Anhänger versetzen können. Mit welcher Begeisterung spricht Emil Kaufmann, der Wiederentdecker der ersten ›Revolutionsarchitektur‹, von ihren Schöpfungen. Sie erscheinen ihm als die endlich erreichte *Befreiung* der Architektur von allen heteronomen *Fesseln*. Die Tat des Ledoux ist der großen Revolution vergleichbar. Jetzt endlich ist in der Welt zugleich mit dem ›autonom‹ gewordenen Menschen die autonome Architektur erschienen oder hat sich doch angekündigt. Etwas Ungeheures, unendlich Bedeutsames ist geschehen. Sagt doch Ledoux selbst von seinem Werk: »Je sais ce qu'il coûte d'établir une nouvelle religion!«

Ist das Ziel erreicht?

Erst wenn die ›reine‹ Baukunst von innen her, aus ihrem Prinzip heraus verstanden worden ist, kann und muß man die Frage stellen: Hat sie das Ziel, das sie wie auf ein geheimes Diktat hin angestrebt hat, auch wirklich erreicht? Diese Frage ist eigentlich für jede Revolution die entscheidende Frage.

In diesem besonderen Fall lautet sie: Ist die gereinigte Architektur, wie sie in der ersten, der Französischen Revolution wenigstens in der Idee durchgesetzt worden war, nun wirklich ›reiner‹ als alle ältere Architektur? Ist sie auch ›reinere‹ Kunst? In welchem Sinne ist sie rein? Wenn man die erste Frage positiv, die zweite aber negativ beantworten müßte, so würde es sich zeigen (dritte Frage), daß ein unkünstlerischer Begriff von ›Reinheit‹ der ›fürchterlichen‹ Bewegung zugrundelag.

Es wird in diesem Fall nicht leicht sein, eine Einigung zu erzielen, obwohl die erste Revolution weit zurückliegt. Nicht wenige werden finden, daß der Parthenon im künstlerischen Sinn ›reinere‹ Architektur darstellt – obwohl er plastische Elemente in sich aufgenommen hat – als die Entwürfe des Ledoux, und sie haben natürlich recht. Aber eine Einigung darüber scheint ohne das Hereinziehen weit ausholender aesthetischer Theorien nicht möglich.

Dagegen läßt sich die andere Frage, ob nämlich die Architektur jetzt wirklich ›autonom‹ geworden ist, mit aller Bestimmtheit beantworten. Und sie muß verneint werden. Mit aller Bestimmtheit läßt es sich zeigen, daß diese vermeintlich ›autonome‹ Architektur unter eine neue ›Heteronomie‹ getreten ist, eine Heteronomie viel strenger als jene Heteronomien, unter denen sie bis dahin gestanden war: nämlich unter die Heteronomie der Geometrie. (Darüber ausführlich unten S. 70.) Das hat Emil Kaufmann, dessen Erkenntnisse die ganzen Probleme einer ›autonomen‹ Kunst ins Rollen gebracht haben, noch nicht erkannt. Es hat etwas beinahe Tragisches, daß schon der erste Versuch eines Bereiches der Kunst, sich autonom zu setzen, sofort mißglückt ist. Unwillkürlich muß man dabei daran denken, daß auch die große Revolution den befreiten Einzelnen sehr rasch unter einen neuen grausameren Souverän gebracht hat: den absoluten Staat der jakobinischen Volksdemokratie.

II Die ›reine‹ Malerei (sogenannte abstrakte Malerei)

In theoretischen Erörterungen der sogenannten abstrakten Malerei findet man, soviel ich sehe, keine Antwort auf die Frage, aus welchen inneren Voraussetzungen dieses Teilphänomen der modernen Kunst erwachsen sei. Denn die Hinweise auf seine historischen und geistesgeschichtlichen Voraussetzungen ersetzen diese Antwort nicht. Es hat schon im 18. und 19. Jahrhundert Vorahnungen und Vorspiele der abstrakten, gegenstandslosen Malerei gegeben[1]. Doch haben sie weit weniger Gewicht als die Revolutionsarchitektur für das ›neue bauen‹ des 20. Jahrhunderts.

Dabei kann dieses Problem heute als gelöst gelten. Die abstrakte Malerei ist das letzte konsequente Ergebnis eines Vorgangs, der keineswegs nur die Malerei, sondern alle Künste erfaßt und verwandelt hat: des Strebens nach völliger Reinheit jeder Kunst von Elementen aller anderen. Die abstrakte Malerei ist die absolut ›reine‹, das heißt von Elementen aller anderen Künste gereinigte Malerei.

So wie die Baukunst hat auch die Malerei in einem sehr vielschichtigen und sich vielfach verzweigenden Geschehen, das im 18. Jahrhundert einsetzt, nach und nach alle ›heteronomen‹ Elemente aus sich ausgestoßen, um ganz autonom zu werden. Dort wo dieser Prozeß seiner natürlichen Grenze sich nähert, entsteht die ›reine‹, die ›absolute‹ Malerei. Das ist um 1910 geschehen. Damals sind bei Picasso, Kandinsky, Malewitsch und anderen die ersten ›reinen‹ Malereien erschienen.

Das Ausstoßen des plastischen Elements aus der Malerei

Muß die Architektur, um ›rein‹ zu werden, zuerst das malerische und plastische Element ausstoßen, so die Malerei zuerst das plastische und das tektonische. Plastisches Element ist in der Malerei das

---

1 Klaus Lankheit: *Die Frühromantik und die Grundlagen der ›gegenstandslosen‹ Malerei.* In: ›Neue Heidelberger Jahrbücher‹, 1951, S. 55ff.

Modellieren von Körpern in der Fläche mit Licht und Schatten, wie es seit Giotto die europäische Malerei bestimmt hatte.

Das Ausstoßen des plastischen Elements allein bringt freilich historisch gesehen noch nichts grundlegend Neues, sondern führt auf einer neuen Ebene zurück zu jenen Formen älterer Malerei, die das plastische Element noch nicht aufgenommen oder es in einem ähnlichen Rückbildungsprozeß wieder eingebüßt hatten. Die Malerei wird flächig, aber sie behält eine perspektivische Ordnung der flächenhaft dargestellten Dinge nach ihrer Größe, sie bewahrt den tektonischen Aufbau der Fläche mit eindeutigen Beziehungen auf Oben und Unten, sie stellt mit Flächen einen nach seinen Tiefenplänen eindeutig geordneten homogenen Raum vor und bewahrt meistens auch noch die Beleuchtung der dargestellten Dinge. Bilder Gauguins oder Toulouse-Lautrecs, welche das Flächenhafte der Malerei schon gereinigt von allen plastisch modellierenden Elementen zeigen, unterscheiden sich deshalb in dieser Hinsicht noch nicht grundsätzlich von manchen älteren Formen der Malerei, zum Beispiel von ostasiatischen Holzschnitten; sie unterscheiden sich von gotischen Glasmalereien, für die man sich nun wieder interessiert (Thorn-Prikker), nur in Hinblick auf das Licht, nicht aber in Hinsicht auf die fehlende Modellierung.

Die Ausstoßung des Tektonischen

Auch dieser Schritt ist historisch gesehen noch nicht wirklich entscheidend.

In das ›plastische‹ Bild, das seit den Tagen Giottos die europäische Malerei beherrscht hatte, ist das Tektonische in einer besonderen Weise ebenso eingegangen wie das ›rilievo‹, und eines bedingt das andere. Das Bild schafft mit perspektivischen Mitteln eine imaginäre Bildbühne; die einäugige Zentralperspektive der Renaissance ist nur ein besonderer Fall dieser tektonischen Verfestigung des Bildes. Die Gestalten und Dinge stehen im Bildraum auf einer imaginären Basis, mag diese streng architektonischer Art sein oder die Stufung eines natürlichen Erdgeländes. Auch noch die Oberfläche eines Gewässers, die Wolken des Himmels gehorchen im Bild einer tektonischen Ordnung, welche durch die Perspektive gestiftet wird. Noch in den malerisch aufgelöstesten Gemälden des späten 18. Jahrhunderts – sei es in den Phantasmagorien barocker Deckengemälde, sei es in den atmosphärischen Veduten eines Guardi – ist alles im Bilde Sichtbare auf dieselbe Basis bezogen, die auch die Grundlage der realen Architektur ist, an der diese Bilder – an Wand oder Decke – ihren Halt haben. Auch schwebende Gestalten beziehen ihr Schweben auf eine Perspektive, deren Lot senkrecht auf der realen Erdbasis aufruht.

Die Erschütterung der Perspektive wird zunächst das Prinzip in Frage stellen, auf dem seit den Tagen der Renaissance die Kunst der perspektivischen Malerei beruht hatte, daß nämlich der fixierte Blick (eines unbeweglichen Stirnauges) den Raum der wirklichen Erfahrung adäquat ins Bild zu bringen vermöchte. Wenn in Gemälden des späten 19. und des frühen 20. Jahrhunderts, bei Cézanne oder bei Matisse und den Spätimpressionisten, der Vordergrund eines Bildes unter einem anderen Blickwinkel dargestellt wird als der Mittel- und Hintergrund, so kann sich dabei der Maler auf die natürliche Erfahrung berufen, daß der Raum in der Nahsicht so gesehen wird, und seine Art des Projizierens nicht mit Unrecht für ›natürlicher‹ halten als das Projizieren der Renaissance. Die Folge davon aber ist, daß der Vordergrund, zum Beispiel die horizontale Fläche eines Tisches oder des Bodens, sozusagen in die vertikale Fläche des Bildes herunterklappt und die Gestalten der Personen und Dinge etwas von dem Halt an den Horizontalen verlieren und mitunter schon fast zu ›schweben‹ scheinen. Das Tektonische wird erschüttert, die flächenhafte Geschlossenheit des Bildes gewinnt, die ›reine‹ Fläche beginnt sich durchzusetzen und in ihr sieht man nun, mehr und mehr, das Wesen des Bildes.

Was dabei entsteht, ist gewiß schon ›neu‹, bleibt aber in gewissem Sinn doch noch *vergleichbar* gewissen Bildordnungen vorperspektivischer, etwa mittelalterlicher Bilder.

Darüber gehen noch nicht wesentlich jene Gemälde hinaus, welche im selben Bild verschiedene projektive Systeme kombinieren (Kombination von Frontal- und Seitenansicht), entschiedener schon jene, bei denen die Vertikalen konvergieren oder sich seitlich aus dem Lot neigen, taumeln (DELAUNAY).

Erst wenn Oben und Unten jene Bedeutung verlieren, die sie seit der Überwindung der atektonischen Altsteinzeit mit der Heraufkunft des tektonischen Weltalters in der Neusteinzeit gewonnen hatten, ist der entscheidende Schritt getan. Nun wird das tektonische Element des Bildes nicht nur erschüttert, sondern es wird aufgegeben. Dieser Aufstand gegen das Tektonische ist ein Ereignis von weltgeschichtlicher Bedeutung. Daß nach Epochen, in denen das plastische Element einen besonderen Rang hatte und alle Künste mehr oder minder bestimmte, dieses plastische Element wieder ausgestoßen wurde, ist in der Weltgeschichte der Kunst schon mehrmals dagewesen (Umschwung vom Paläolithikum zum Neolithikum, von der minoischen Kunst zur ›geometrischen‹, von der Antike zur Spätantike). Das gleiche gilt für das Aufgeben eines rationalen perspektivischen Systems (einerlei welcher Bauart). Niemals aber ist das tektonische Element in diesem Maße aus der Malerei und – wie wir gleich sehen werden – auch aus der Plastik ausgestoßen oder doch so tief in Frage gestellt worden wie jetzt am Beginn des 20. Jahrhunderts.

Den schärfsten Ausdruck des Atektonischen zeigen jene Bilder, in denen Oben und Unten praktisch ununterscheidbar geworden ist. Das hat sich zuerst nur ganz leise und sozusagen verhüllt angekündigt. Solange das Bild noch Dinge der realen Welt darstellt, tritt dieser Fall nur ausnahmsweise und nur näherungsweise ein, im allgemeinen nur dort, wo den dargestellten Phänomenen selbst etwas Labiles anhaftet, wie zum Beispiel in Turners Bild des Schneesturmes auf bewegter See, wo im Aufruhr der Elemente der Schornstein des winzigen Dampfers noch die schwankende Orientierung gibt. Bilder dieser Art waren denn auch die ersten, bei denen es vorkommen konnte, daß man beim Hängen Oben und Unten vertauschte. Was in den Tagen der abstrakten Kunst sehr leicht geschehen kann, nicht selten geschehen ist und noch öfter geschehen würde, wenn man inzwischen nicht die Notwendigkeit erkannt hätte, auf diskrete Weise kenntlich zu machen, wo nach den Intentionen des Künstlers ›Oben‹ sein soll.

Die Vorliebe der modernen Malerei für die unfeste Welt des Traumes und die Bevorzugung der Vorstellung gegenüber der Wahrnehmung ist mitbedingt durch diese Abneigung gegen das Tektonische.

Sie ist sozusagen die gegenständliche Entsprechung zu dem formalen Vorgang der Enttektonisierung.

Zwar wird gerade in der modernen Malerei viel vom Bild*bau* gesprochen, aber das Wort meint nun etwas ganz anderes als bisher. Die antitektonischen Richtungen der modernen Malerei erkennen nicht mehr an, was Grundlage alles wirklichen Bauens wie – in die Fläche transponiert – des alten ›gebauten‹ Bildes gewesen ist, das auf die Baukunst – oder auf die gleichfalls ›gebaute‹ Schrift – direkt oder indirekt bezogen war: die faktische Erdbasis oder ihr bildliches Symbol, die horizontale Standfläche oder Standlinie. Durch die Bejahung des Atektonischen löst die Malerei ihre Bindung an die Architektur.

Um so merkwürdiger ist es jedoch, daß bei diesen untektonischen Bildern die Negierung des Tektonischen das starre Gerüst des Rahmens nicht ergreift. Sie halten vielmehr an den geraden Horizontalen und Vertikalen des Rahmens fest; sie können daran festhalten, weil ein rechteckiger Rahmen Oben und Unten nicht mehr erkennen läßt. An diesem Festhalten verrät sich jedoch, daß diese Malerei nicht atektonisch, sondern antitektonisch, daß sie aus dem Widerspruch gegen eine vorausgesetzte Tektonik hervorgewachsen ist.

Bildbau aber heißt jetzt nur mehr eine ›autonome‹, eigenen, vom Künstler frei gesetzten Spielregeln folgende Ordnung von Teilflächen in der vorgesetzten Gesamtfläche.

Es ist klar, daß sich diese Tendenz zum Atektonischen, die sich aus der übergreifenden Tendenz der Malerei, ganz ›rein‹, ganz autonom zu werden, ergibt, und die sich zunächst an unscheinbaren Symptomen verraten hatte, erst ganz durchsetzen kann, wenn das Bild auf die Darstellung der ›wirklichen‹ Welt verzichtet. Das eine bedingt das andere.

Der Verzicht auf Darstellung und Bedeutung

Das Streben nach einer völlig ›reinen‹, autonomen Malerei kann es sich an der Ausmerzung des plastischen und des tektonischen Elements noch nicht genügen lassen. Die alte Malerei enthält noch andere Elemente, die eine ›reine‹ Malerei, welche sich als die Komposition von reinen Formen und Farben in der Fläche versteht, nicht gelten lassen kann.

Die alte Malerei *stellt* Dinge aus einer wirklichen oder vorgestellten Welt – oder aus Konnubien wirklicher und vorgestellter Welten – *dar.* Und diese im Bilde sichtbaren Gegenstände können obendrein noch etwas *bedeuten* und tun es in den allermeisten Fällen. Diese beiden ›Funktionen‹ des Bildes auseinanderzuhalten, ist für das Verständnis der modernen Malerei grundwichtig. Denn es geht in ihr nicht nur um das Ausmerzen der Darstellung des Gegenständlichen, sondern – zum Teil – auch um die Ausmerzung der Bedeutung. Es gibt eine gegenständliche Malerei *mit* und eine *ohne* hinzutretende Bedeutung und es gibt eine ›gegenstandslose‹ Malerei *mit* und eine *ohne* hinzutretende Bedeutung. Daß diese beiden Dinge nicht unterschieden worden sind, hat viel Verwirrung angerichtet.

Im Bilde sichtbar sei eine Frau mit einem Kind auf dem Schoß. Die Bedeutung dieser Darstellung könnte (unter anderem) sein: Maria Theresia mit Josef II. als Kind, oder: Muttergottes mit Christuskind, oder: Caritas. Im ersten Falle wäre das Bild ein Porträt, im zweiten Fall ein religiöses Bild, im dritten eine Allegorie. Diese besondere Bedeutung muß zum Verständnis des Bildes jedesmal hinzugewußt werden.

Woher wissen wir, welche dieser Bedeutungen die intendierte ist? In der alten Kunst war dazu eine Unterschrift nicht nötig. Man wußte um die gemeinte Bedeutung durch Tradition und Konvention oder auch durch die Umgebung und den übergeordneten bildlichen oder architektonischen Zusammenhang, in dem das einzelne Bild auftrat. Wichtig ist, dabei folgendes nicht zu vergessen: Zwischen dem im Bild Dargestellten, Sichtbaren und der gemeinten Bedeutung konnte es die mannigfachsten künstlerischen Verbindungen geben. So kann eine sehr allgemeine Bedeutung, zum Beispiel die allegorische Bedeutung ›Vanitas‹, durch ein sehr konkretes Bild repräsentiert werden, etwa durch das Bild einer jungen Frau vor einem Spiegel mit individuellen Zügen und im bestimmten Kostüm einer ganz bestimmten historischen Zeit; ein Bild also, das ebensogut das Porträt dieser jungen Frau sein könnte. Es kann aber auch gerade umgekehrt sein: Eine schematische abbrevierende Darstellung einer Stadt, darstellend nur die charakteristischen ›Determinanten‹ einer Stadt: Mauern, Häuser, Türme – ein Bild also, das *jede* Stadt darstellen könnte und manchmal auch zur Darstellung mehrerer verschiedener Städte verwendet wurde – kann eine ganz bestimmte Stadt, Nürnberg zum Beispiel, *meinen*. Es kann eine triviale Bedeutung in erhabener Darstellung gegeben werden, oder umgekehrt; diese Unangemessenheit von Darstellung und Bedeutung ist eines der typischen Mittel, mit denen die Karikatur und Travestie arbeitet. Aber auch dann bestehen zwischen einer bestimmten Darstellung und ihren Bedeutungen ganz bestimmte objektive Beziehungen. Die Zuordnung ist keinesfalls beliebig.

Etwas ganz anderes ist es, wenn im Bilde nicht mehr gegeben wird als das unmittelbar Dargestellte, Sichtbare, wenn jede über das unmittelbar Sichtbare hinausgehende, sie ›transzendierende‹ (übersteigende) Bedeutung entfällt. Dieser Positivismus der Darstellung (welcher sich in gewissen Richtungen der niederländischen Malerei zuerst vorbereitet hat) ist seit der Mitte des 19. Jahrhunderts – damals als auch das Weltbild positivistisch und ›immanent‹ wurde – zur Herrschaft gekommen.

Eine ganz analoge Unterscheidung gibt es aber auch für die gegenstandslose Malerei des 20. Jahrhunderts, und sie ist grundwichtig.

Sichtbar im Bilde sei nur eine Kom-Position ›abstrakter‹ farbiger Formen (Flächen oder allenfalls auch noch Körper), zum Beispiel von Vierecken und Dreiecken. Dieses Sichtbare kann noch immer eine unsichtbare Bedeutung tragen, zum Beispiel: Frau mit Kind, oder: Mondnacht, oder: Tropisches.

Sie kann aber auch nichts geben wollen als nur das unmittelbar Sichtbare: ›Kom-Position‹.

Die erste Art der ›gegenstandslosen‹ Malerei ist offenbar das ungegenständliche Gegenstück zu einer darstellenden Malerei mit hinzutretender Bedeutung. Die zweite Art ist ebenso offenbar das Analogon zu einer darstellenden Malerei ohne hinzutretende Bedeutung. Auf die Unterschiede, die sich aus der Sache selbst ergeben, gehen wir noch ein.

Woher weiß nun aber der Betrachter, ob er zu dem Sichtbaren noch eine hinzutretende Bedeutung hinzunehmen muß oder nicht?

Wir haben oben gesehen, daß vor Werken der darstellenden Malerei der Betrachter die gemeinte Bedeutung in der Hauptsache der bildlichen – oder auch einer literarischen – Tradition entnimmt. Vor Werken der ›gegenstandslosen‹ Kunst ist er darauf angewiesen, die gemeinte Bedeutung einer sprachlichen Bezeichnung des vor ihm stehenden Bildes zu entnehmen. Diese muß entweder als Unterschrift auf dem ›gegenstandslosen‹ Bild, oder Blatt, angebracht sein oder – und das ist der weitaus häufigere Fall – der Ausstellungskatalog muß sie uns angeben (nur das gegenstandslose Bild *ohne* Bedeutung kann darauf verzichten; wenn es sich trotzdem ›Komposition‹, ›Symphonie in Weiß‹ usw. nennt, so ist das im Grunde überflüssig). Das heißt aber: das ›gegenstandslose‹ Bild *mit* intendierter Bedeutung ist auf ein ›literarisches‹ Element angewiesen, sogar auf ein in buchstäblichem Sinn ›literarisches‹. Es ist in dieser Hinsicht das Gegenstück zur ›Programmusik‹. Der Versuch, eine Tradition oder Konvention zu begründen, die von dem Bildtitel unabhängig macht, hat sich als Utopie erwiesen. Entbehren können ihn nur Bilder, die noch Reste eines Gegenständlichen bewahren und durch sie eine sichtbare Anweisung auf das Unsichtbare, Gemeinte geben (darüber ausführlich noch unten).

Diese Unterscheidung zeigt jedenfalls zwei Dinge: Erstens, daß die ›gegenstandslose‹ Malerei *mit* intendierter Bedeutung noch wie eine Art Fortsetzung der gegenständlichen Malerei *mit* Bedeutung auftritt (dabei freilich sich besonderen Schwierigkeiten gegenübersieht), und daß sie auf ein literarisches Element angewiesen bleibt.

Zweitens: daß die gegenstandslose Malerei *ohne* intendierte Bedeutung ihr Vorspiel in einer gegenständlichen Malerei ohne Bedeutung hat. Wie jene beschränkt sie sich auf das positiv Sichtbare. Aber erst sie verwirklicht ganz das Streben nach einer absolut ›reinen‹ Malerei.

Die Anpassung von Darstellung und Bedeutung

Dort, wo das im Bilde Sichtbare eine unsichtbare Bedeutung tragen soll, ist das künstlerisch Entscheidende offenbar, daß Darstellung und Bedeutung sich gegenseitig entsprechen. Das hat theoretisch noch Kandinsky 1912 ganz klar ausgesprochen (obwohl er in seiner späteren Praxis von diesem Prinzip abgewichen ist): »Nicht die

Beherrschung der Form ist die Aufgabe des Künstlers, sondern das Anpassen der Form an den Inhalt« (genauer der sichtbaren Gestalt an die gemeinte Bedeutung). Das ist ein Satz, den ein Anhänger der alten Kunst voll unterschreiben könnte. Er gilt genauso für die gegenständliche wie für die gegenstandslose Malerei, *sofern* beide *Bedeutung* geben wollen.

Nun ist gar nicht daran zu zweifeln, daß in vielen Fällen die im Bildtitel literarisch angegebene Bedeutung erst nachträglich und willkürlich dem aus rein imitativen oder auch aus rein formalen Absichten gemachten Bild zugeteilt und die anschauliche Gestalt des gegenstandslosen Bildes durchaus nicht in gegenseitiger Anpassung von Gestalt und Bedeutung entwickelt worden ist. Aber das kann auch schon innerhalb der gegenständlichen Malerei passieren, zum Beispiel, wenn – oft genug – ein Maler einem Akt, der während der Entstehung nichts war und nichts sein wollte als ein Akt, nachträglich irgendeinen für den Verkauf günstigeren Titel gibt. In beiden Fällen ist es nach Kandinskys Maxime ein künstlerischer Mangel, wenn nicht künstlerische Gewissenlosigkeit.

Das Zusammenstimmen von Gestalt und Bedeutung zu verfehlen, ist – ob es um gegenständliche oder um ungegenständliche Kunst geht – künstlerisches Versagen. Sie absichtlich gegeneinanderspielen zu lassen, ist – wie wir oben gesehen haben – in der gegenständlichen Kunst typisches Mittel der Karikatur, der Travestie, des bildlichen Witzes. Und analog auch in der gegenstandslosen Kunst (siehe unten).

Die gegenständliche Kunst, der die *Bedeutung* unwichtig wird – der malerische ›Positivismus‹ –, ist schon ein erster Schritt zu einer Reinigung des Bildes von dem ›bildfremden‹ Element des Hinzugewußten (und sofern dieses nur mehr unkünstlerisch mit dem Bild verbunden war und seine sichtbare Gestalt nicht künstlerisch bestimmt hat, eine berechtigte Reinigung). Es ist ein erster Schritt auf dem Wege, den eine gegenstandslose Kunst ohne Bedeutung konsequent zu Ende gehen wird.

Der zweite entscheidende Schritt auf diesem Wege ist getan, wenn auch der dargestellte *Gegenstand* für den Maler belanglos wird, nur mehr ein Vorwand zur Entfaltung formaler Gebilde und ›Probleme‹. Mit Recht sagt deshalb Wladimir Weidlé, ein gegenständliches Bild, dem der Gegenstand unwichtig geworden ist, sei schon ›abstrakt‹; es kann dann auch sehr gut nur mehr einen formalen Titel tragen, zum Beispiel: ›Symphonie in Weiß‹, ›Komposition‹ usw. und sollte es eigentlich tun. Die Abstraktion hat schon begonnen, sobald man im Impressionismus von allem absieht, was nicht rein optische Empfindung ist. Der Kubismus wird dann die Abstraktion zum Prinzip erheben.

Es gibt – das verkennt die modernistische Kunstapologie – keinen tieferen Unterschied zwischen einer gegenständlichen Kunst, der der Gegenstand gleichgültig geworden ist, und einer gegenstandslosen.

Gegenstandslose Kunst mit Bedeutung

Sobald der letzte Schritt zur Gegenstandslosigkeit getan ist, spaltet sich der Weg. Ein Teil der gegenstandslosen Kunst will noch Bedeutung geben, der andere will es nicht mehr. In der Praxis fließen beide Absichten freilich ineinander. Wir betrachten zuerst die erste Möglichkeit.

Da erhebt sich sogleich die Frage: Ist eine ›Anpassung des im Bilde Sichtbaren an die unsichtbare Bedeutung‹ auf der Basis der gegenstandslosen Kunst überhaupt noch möglich?

Sie ist möglich, aber nur unter gewissen Bedingungen. Diese Bedingungen haben diejenigen, die über moderne Kunst schreiben, nicht genügend bedacht und sie dem hilflosen Publikum nicht klargemacht; die Sache ist nicht ganz einfach, und doch muß sie geklärt werden, wenn man diese Spielart der gegenstandslosen Kunst und ihre begrenzten Möglichkeiten wirklich verstehen will.

Ein gegenständliches, darstellendes Bild, zum Beispiel ›Frau mit Kind‹, kann – wie wir oben gesehen haben – sehr verschiedene Bedeutungen tragen, aber immer nur eine recht begrenzte Anzahl von Bedeutungen (und auch jede dieser erfordert nach Kandinskys Prinzip der Anpassung von Form und Inhalt jedesmal eine Modifizierung der sichtbaren Gestalt). Die Zahl der Bedeutungen, die das Sichtbare eines gegenstands*losen* Bildes tragen kann, ist ungleich größer. Das Fehlen des gegenständlichen Mittelgliedes macht die

Zuordnung einer sinnvollen Bedeutung unbestimmter und willkürlicher, und zwar deshalb, weil das Sichtbare des gegenstandslosen Bildes (wie wir noch genauer sehen werden) selbst unbestimmter, diffuser, vager ist als das eines gegenständlichen. Dazu kommt noch, daß die intendierten Bedeutungen meistens keine objektiven, allgemeingültigen sind, sondern nur für die subjektive Phantasie des Urhebers geltende.

Nun ist dieses Unbestimmte, Labile etwas, das die moderne Kunst – wie wir noch an anderen Gebieten zeigen werden – gerade bevorzugt und sucht; das Unbestimmte bedeutet ihr selbst einen Wert. Solange man aber noch eine bestimmte Bedeutung intendiert, solange man die Aufgabe darin sieht, ›die Form an den Inhalt anzupassen‹, ist diese Unbestimmtheit der Zuordnung künstlerisch kein Vorteil, sondern ein Nachteil.

An einem fingierten Beispiel gezeigt: Eine Kombination von blauen Dreiecken und einer gelben Kreisscheibe kann wirklich etwas vom anschaulichen Charakter einer ›Mondnacht‹ geben – etwas ›Mondiges‹ und ›Nächtliches‹ – und daher die Bezeichnung des Katalogs: ›Mondnacht‹ mit künstlerischem Recht tragen. Aber hier geben eben *Reste von Gegenständlichem* den anschaulichen Hinweis auf die Bedeutung sie schlagen sozusagen eine Brücke zwischen dem Sichtbaren und der Bedeutung (die als solche etwas Unsichtbares ist). Der Mond *ist* ›gelb‹ und ›rund‹, und die Nacht *ist* ›blau‹. Blaue Dreiecke sind *wie* nächtliche Berge oder Hausdächer.

Wenn aber an Stelle der runden eine viereckige Scheibe stünde, wäre der Übergang nicht mehr zu vollziehen, und es würde dann gar nichts helfen, wenn der Urheber des Werks – subjektiv vielleicht sogar wahrhaft – versicherte, *er* ›erlebe‹ den Mond im Gegensatz zur Sonne eben als etwas ›Viereckiges‹. Dieses subjektive Erlebnis und seine bildliche Projektion wären nur noch für den verbindlich, der ein gleiches Erlebnis hatte. Für die vielen anderen *wird das Bild zu einer ›Chiffre‹*, deren Schlüssel sie in sich und in der Welt nicht finden können. Ihnen muß der Urheber bedeuten, ›daß er dem nichts mehr zu sagen habe, der nicht dasselbe in sich finde und fühle, das heißt, er tritt die Wurzel der Humanität mit Füßen‹ (siehe oben Seite 9). Es kann gar kein Zweifel sein, daß diese arrogante Berufung auf das als höhere Objektivität ausgegebene Subjektive von der gegenstandslosen modernen Kunst sehr oft ins Treffen geführt worden ist.

Es kann dann nicht mehr verwundern, daß eine solche extrem subjektivistische und sektenhaft esoterische ›Kunst‹ schwerverkäuflich ist und wie Waren, für die kein natürliches Bedürfnis besteht, dem Publikum durch Propaganda aufgedrängt werden muß, meist unter der verhüllten oder offenen Drohung, jeder, der anders denkt, sei als Banause und Reaktionär zu brandmarken.

Die oben dargelegte Erfahrung bedeutet aber, daß gültige *Kunstwerke* dieses Typus nur dort konzipiert werden können, wo man noch an objektive Entsprechungen zwischen sichtbaren Gestalten und ihren gemäßen Bedeutungen, zwischen der Welt des Sichtbaren und der des Unsichtbaren glaubt, nein!: um sie *weiß;* um analogische Beziehungen zwischen der sinnlichen und der geistigen oder seelischen Welt, zwischen sinnhaften Bildzeichen und ihren wahlverwandten Bedeutungen. Solange man aber noch daran glaubt und um sie weiß, will man auf einer neuen Ebene noch dasselbe wie die alte Kunst. Und insofern ist historisch gesehen *die ›gegenstandslose Malerei mit intendierter Bedeutung‹ noch das letzte Kapitel der alten Kunst.* Sie ist in ihrer Weise, wenigstens der Absicht nach, noch ›transzendent‹ in einem sehr konkreten Sinn: sie will als Malerei etwas geben, was die sichtbare Malerei übersteigt.

Mit der alten Kunst bleibt sie aber auch deshalb noch mit einem dünnen Faden verbunden, weil solche Entsprechungen zwischen sichtbarer Gestalt und Bedeutung nur dort *gestaltet* werden können, wo noch Reste der gegenständlichen Bedeutung die Brücke schaffen. Das ist der Fall in fast allen Werken des frühen Kandinsky und in den meisten Bildern Klees. Das ist dann aber eben noch nicht wirklich gegenstands*lose*, noch nicht wirklich ›reine‹ Malerei, sondern ein Grenzfall zwischen der gegenständlichen und der gegenstandslosen Kunst. In diesem Konfinium ist die Mehrzahl der wirklich bedeutenden und menschlichen Werke der sogenannten ›abstrakten‹ Malerei entstanden.

An diesem Festhalten an einer objektiven Bedeutung scheiden sich innerhalb der sogenannten ›abstrakten‹ Malerei jene Geister, die zu einem gültigen Objektiven streben, von denen, die – im Subjektiven mit Lust verharrend – das Bild bloß als Incitament der eigenen

Subjektivität gebrauchen wollen. Wodurch sie sich als letzte Nachfahren jenes romantischen Nihilismus erweisen, den Hegel so scharf gekennzeichnet hat (siehe unten Seite 121 ff.).

Noch eines muß bedacht werden: Wenn wir eingesehen haben, daß sich mit einem formal sehr ›abstrakten‹, schon ›fast‹ (aber eben nur fast) gegenstandslosen Bild eine objektive Bedeutung künstlerisch sinnvoll verbinden läßt, so sind die Bedeutungen, die ein solches Bild tragen kann, doch immer nur sehr *allgemeine.* Es hätte keinen Sinn, und es ist unmöglich, mit abstrakten Formen ein Porträt oder ein historisches Ereignis geben zu wollen. Das ist kein Einwand, charakterisiert aber die beschränkten Möglichkeiten dieser Bildkunst. Sichelförmige, stark rote und grüne Formen können unter Umständen im Betrachter wirklich ohne weiteres die Bedeutung ›Tropisches‹ evozieren, weil eben die Sichelform an die Blätter tropischer Gewächse erinnert und starkes Rot und Grün typische Farben der Tropen sind. Aber Bildungen dieser Art können niemals eine konkrete Landschaft und schon gar nicht konkrete Personen (Porträts), Ereignisse oder Dinge gültig ›einbilden‹, imaginieren. Man wird, wenn man die Bildtitel solcher Bilder in Ausstellungen oder Museen liest, leicht feststellen, daß sie so gut wie ausnahmslos *Namen abstrakter Begriffe* sind, und zwar charakteristischerweise sehr oft substantivierte Adjektiva. So wäre auch der richtigere gemäßere Titel für das oben fingierte Bild der gelben Kreisscheibe und der dunkelblauen Dreiecke nicht ›Mondnacht‹ – das ist schon viel zu bestimmt –, sondern besser ›Mondiges und Nächtliches‹, ›Mond-Nächtliches‹. Darin verrät sich ein typischer Zug moderner Imagination, welcher auch der Mensch in concreto nicht mehr so wichtig ist wie ›das Menschliche‹ und die an Gott nicht mehr glaubt, aber doch noch an ›das Göttliche‹, an ›Göttliches‹. Und auch das ist eine Beobachtung, die tiefer durchdacht zu werden verdiente: Eine reale Welt, in der es Göttliches, Menschliches, Weibliches, Pflanzliches, Mondiges gäbe, aber weder Sonne und Mond, noch Pflanzen, noch Frauen, noch Menschen, noch Gott, wäre im eigentlichen Sinn eine unheimliche gespenstische Welt.

Anders ausgedrückt bedeutet das aber: daß diese Spielart der gegenstandslosen Kunst (der *fast* gegenstandslosen) *eine moderne Abart der Allegorie ist,* die ja gleichfalls auf eine Verbildlichung abstrakter Inhalte (und sprachlich: von Substantiven) abzielt, die es weder in der ›realen‹ noch in der religiösen oder mythischen Wirklichkeit gibt. Und sie ist auch oft genau so kalt intellektuell, künstlich und spitzfindig, wie man das der alten gegenständlichen Allegorie – nicht immer mit Recht – vorzuwerfen pflegt. Der Zusammenhang zwischen der alten und dieser modernen Form der Allegorie – und allegorein heißt ja ›etwas anderes sagen‹, etwas anderes als zu *sehen* ist – wird vollends einsehbar durch folgendes: Schon Swift hatte in seiner Vision der Insel Laputa – deren Bewohner unsinnliche Gehirnmenschen sind – von Künstlern gesprochen, welche die Schönheit einer Frau durch eine Kombination geometrischer Figuren darstellen. Dies ist aber nur die Umkehrung des allegorischen Prinzips, welches die Geometrie durch eine schöne Frau ›vorgestellt‹ hatte. Wenn dies eine Allegorie ist, so ist es die Umkehrung auch. Und so wie die Frau als Allegorie der Geometrie nur kenntlich gemacht werden kann, indem man ihr gegenständliche Attribute im Bilde beigibt, so kann auch die Kombination geometrischer Figuren anschaulich auf die Bedeutung ›Frau‹ nur dadurch bezogen werden, daß man ihr im Bilde weibliche Attribute (also Reste von ›Gegenständlichem‹) beigibt. Exempel dieses Verfahrens gibt es genug, zum Beispiel im Werk Picassos. Eine Kunst, der es mit der objektiven Bedeutung noch ernst ist, kann sie nicht entbehren.

Aber wie immer in den Revolutionen die ›linken‹ Richtungen durch ›noch linkere‹ überspielt werden, so auch in der modernen Malerei. Der Bruch wird eklatant, wenn das gegenstandslose Bild zur *Chiffre eines Beliebigen* wird, wenn in dem Bild eine ihm passend erscheinende Bedeutung zu ergänzen der subjektiven Willkür des Betrachters überlassen wird. Und auch das ist zweifellos vorgekommen. Praktisch ist es dann nicht mehr zu unterscheiden von jener Spielart der gegenstandslosen Malerei, die überhaupt keine über das sinnlich Sichtbare hinausgehende Bedeutung mehr geben will.

Erst diese gegenstandslose Kunst *ohne* Bedeutung stellt das Extrem einer von allen ›fremden‹ Beimengungen gereinigten, einer ganz ›autonomen‹ Malerei dar.

Ihr Ideal ist es, ein malerisches Aequivalent der ›reinen‹ Musik zu schaffen. Das ist natürlich eine romantische Idee, und sie ist denn, wie Klaus Lankheit gezeigt hat, in deutlichen Spuren schon in der Romantik und Vorromantik nachweisbar[1].

Weshalb diese romantische Idee eine unrealisierbare Utopie ist und alle Versuche, sie zu begründen, nicht stichhalten, kann ich auf dem begrenzten Raum dieser Schrift nicht ausführen, auch habe ich absichtlich verzichtet, auf solche Ideologien einzugehen (siehe oben Seite 14).

Aber vielleicht ist es auch hier gut, sich dieses Ideal wenigstens versuchsweise, nicht nur theoretisch, sondern existentiell zu eigen zu machen: sein Pathos, das zweifellos für den flutenden romantischen Geist und seine Epigonen etwas Hinreißendes hat, ist erst so ganz zu verstehen. Immerhin hat ein so reiner Geist wie Adalbert Stifter angesichts der Farbwunder der ›Sonnenfinsternis am 8. September 1848‹ von einer ›Musik der Farben und Lichter‹ geträumt, wenn auch das, was ihm da vorgeschwebt haben mag, etwas sehr anderes gewesen sein dürfte als das, was die Malerei des 20. Jahrhunderts realisiert hat.

Ich sehe ab von der Möglichkeit, daß Werke der absoluten Malerei überhaupt nicht beanspruchen, fertige Werke zu sein, sondern sich selbst nur als Studien ansehen, als Experimente zu möglichen Strukturen künftiger gegenständlicher Bilder. Dann gehören sie freilich nicht vor ein Publikum, sondern in die Werkstatt. Aber auch dort sind sie nicht eigentlich Entwürfe im alten Sinn – denn in diesen ist eine mögliche Zuordnung von Gestalt und Bedeutung schon *vorgesehen* –, sondern nur Leer-Schemata, vergleichbar den Formeln der Logistik. Die Ziseleure solcher Bildformeln gleichen jenen Philoso-

1 *Die Frühromantik und die Grundlagen der ›gegenstandslosen Malerei‹.* In: ›Neue Heidelberger Jahrbücher‹ 1951, S. 55ff.

phen, von denen Sigmund Freud gesagt hat: »Das sind die Leute, die immer nur ihre Brillen putzen und nie durchschauen.«

Was wird durch die Ausscheidung der Bedeutung aus dem gegenstandslosen Bild (und davon untrennbar der letzten gegenständlichen Reste) eigentlich bewirkt?

Der Verzicht auf Bedeutung macht die Phänomene schwankend, labil, subjektiv. Das hat die Wahrnehmungspsychologie schon längst erkannt: Bedeutungsfreie Phänomene sind schwankende Phänomene (Usnadze). Insofern kann man sagen, daß die gegenstandslose Malerei *ohne* Bedeutung einen Sonderfall jenes viel allgemeineren modernen Hanges zum Labilen verkörpert, dem wir noch in vielen anderen Gebieten begegnen werden, zumal in der Baukunst und in der basislosen atonalen Musik[1].

Ein als physikalische Farbe eindeutig festgelegtes Rot kann – wie das besonders die Experimente Josef von Alleschs gezeigt haben[2] – für den Betrachter aesthetisch so gut wie alles sein; es kann ebenso den Charakter des Feurigen, Prächtigen oder Heiteren, wie den des Machtvollen, Großartigen, Erhabenen und Geheimnisvollen oder auch den des Aggressiven, Gefährlichen, Gräßlichen und noch manchen anderen annehmen. Ein physikalisch vollkommen festgelegtes Gelbgrün kann ebenso frisch, heiter, frühlingshaft wie ersterbend, krank, verwesend ›aussehen‹. Erst unter einer bestimmten bedeutungsmäßigen Determination (und Bedeutung wird, wie wir gesehen haben, immer gegenständlich vermittelt) wird dieser Charakter bestimmt oder doch innerhalb gewisser Grenzen bestimmt. Dann ist der rote Königsmantel feierlich oder prächtig, der rote Sonnenuntergang düster, das rote Blut furchtbar; (mit traditionell oder konventionell fixierten Farbbedeutungen hat dieses Phänomen nur sekundär etwas zu tun). Andererseits kann aber der

---

1 Was Alois Melichar in seinem Buche *Überwindung des Modernismus* (München 1954) auf S. 82f. dazu bemerkt hat, verdient ernste Beachtung. Man schadet sich nur selbst, wenn man einen unangenehmen Gedanken bagatellisiert oder wenn man glaubt, durch ein ›Ich verstehe es nicht‹ den Streit zu eigenen Gunsten zu erledigen.

2 *Die aesthetische Erscheinungsweise der Farben,* Berlin 1925.

bestimmte individuelle Charakter dieses einen Rot auch wieder die Bedeutungen, mit denen er sich verbindet, ausdrucksmäßig modifizieren. Der bestimmte künstlerische Charakter einer Farbe im Bild ergibt sich also weder aus der physikalischen Farbe allein noch aus der (gegenständlich vermittelten) Bedeutung, sondern er bildet sich, jedesmal neu, aus einer Vermählung zwischen beiden[1]. Wobei Faktoren bestimmend sind, auf die ich hier nicht eingehen kann.

Jedenfalls: Entfällt in der gegenstandslosen Malerei die zugeordnete Bedeutung (und noch einmal unterstreichen wir, daß deren Objektivität und Anschaulichkeit durch gegenständliche Reste gewährleistet wird), dann büßt auch die Farbe als solche ihren bestimmten anschaulichen Charakter weitgehend ein, und es bleibt dann jeweils dem Subjekt – des Künstlers und des Betrachters – überlassen, ja es hängt dann oft von der augenblicklichen Stimmung dieser Subjekte und von ihrer undurchschaubaren Vorgeschichte ab, welche potentiell in der Farbe schlummernden Charaktere, ›Ausdruckswerte‹ sie anschaulich aktivieren. Nur sehr starke, ›extrem‹ ausgeprägte Farben behalten auch dann noch einen verhältnismäßig bestimmten Charakter, zum Beispiel den des ›Grellen‹. Von daher ist es wahrscheinlich mit zu verstehen, daß die gegenstandslose Malerei, die auf Bedeutung verzichtet, mit Notwendigkeit in die verschiedenen Bereiche des ›Krassen‹ vorgetrieben wird. – Das gleiche gilt, mutatis mutandis, natürlich auch für die Formen.

Das heißt aber: Gegenüber der gegenstandslosen Malerei *mit* Bedeutung ist die aesthetische Aussage der gegenstandslosen Malerei *ohne* Bedeutung in hohem Maße unbestimmt, labil und dem subjektiven Belieben anheimgegeben, von subjektiven Faktoren abhängig. Daß solche Kom-Positionen ›aesthetisch‹ wirken können, ist nicht nur kein Einwand gegen diese Behauptung, sondern bestätigt sie: denn der Geschmack, dem nun die aesthetische Bewertung allein zusteht, ist ja selbst das schlechthin subjektive Element des Aesthetischen: ›De gustibus non est disputandum‹. Den Satz auf die

[1] Vgl. Anton Sieberer: *Primäre oder sekundäre Lautbedeutsamkeit?* In: ›Anzeiger der Österreichischen Akademie der Wissenschaften Phil.-Hist. Klasse 84‹ (1947).

Kunst selbst anzuwenden, bedeutet schon, sie zu aesthetisieren; er gilt nur im Bereich der ›Geschmackskunst‹.

Übrigens ist dieser subjektive Charakter der gegenstandslosen Malerei *ohne* Bedeutung, ihre Zugehörigkeit zu den Künsten des Geschmacks – woraus sich auch erklärt, daß sie so guten Kontakt mit der Mode findet und selbst der Mode unterworfen ist – offenbar gerade einer der Gründe dafür, weshalb sie von einem bestimmten Typus des modernen Menschen, der ganz aus dem Subjektiven leben und produzieren will, bevorzugt wird.

Dort, wo die Nähe der gegenstandslosen Malerei zum Geschmacklichen, welches ihr *von Natur* eigen ist, von Künstlern als gefährlich empfunden wird, sucht man dieser Gefahr sich zu entziehen.

Der eine Weg, der Farbe einen ›objektiven‹ Wert zu geben, ist der, sie rein in ihrer *physikalischen* Qualität zu nehmen und eine objektiv physikalisch fundierte Farbenaesthetik aufzubauen. Das ist der Weg des ›salto mortale‹. Auf diese Weise kommt man zwar zu *objektiven Elementen* der Malerei, aber es sind nicht mehr *künstlerische* Elemente. Und aus nicht künstlerischen Elementen, nach den Erfahrungen einer rein physikalischen Farbenlehre ein Kunstwerk zu konstruieren, ist ein au fond unkünstlerisches Unterfangen[1].

Der andere Weg ist der Versuch, der konsequent gegenstandslosen Malerei die Struktur der Musik zu verleihen. Das aber führt mit Notwendigkeit dazu, nach Elementen, die den Elementen der Musik analog wären, zu fahnden. Dieser Versuch ist utopisch, und er ist mißlungen.

Auf der Suche nach reinen Elementen der Malerei

Ist das reine Element der Malerei der unscharf begrenzte Farbfleck, wie ihn das Werkzeug des Malers, der Pinsel, natürlich erzeugt? Oder sind es fest begrenzte homogen gefärbte Flächen der niederen

---

[1] Diesen Versuch hat schon 1854 UNGER gemacht, und G. RÉVÉSZ hat ihn vernichtend kritisiert. Vgl. ALOIS MELICHAR: *Die Überwindung des Modernismus* (1954), S. 82.

oder höheren Geometrie? Ist die Linie aus der ›reinen‹ Malerei ganz zu verbannen und als Element einer ›reinen‹ Zeichenkunst zu nehmen? Oder bildet die Verbindung von Linie, Fläche und Farbe das eigentliche ›Element‹ der Malerei? Und wenn die Elemente gefunden sind, was soll ihre Syntax bestimmen? Sobald die gegenstandslose Malerei einmal entstanden ist, wird sie mit innerer Notwendigkeit zu diesen Fragen getrieben, und sie gibt darauf die verschiedensten Antworten.

Solange man noch ›naiv‹ die Malerei des späten Tizian oder die Cézannes für eine par excellence ›malerische‹ Malerei hält, wird man als Element einer ›reinen‹ Malerei Farbflecken ohne scharfe lineare Begrenzung annehmen. Bilder aus solchen ›malerischen‹ Flecken gibt es in der gegenstandslosen Malerei, zum Beispiel bei Kandinsky (Abb. 5). Aber sie bezeichnen nur eine unter vielen Möglichkeiten, und zwar jene, die nun wirklich einen extremen Gegensatz zu aller architektonischen Struktur auf den ersten Blick erkennen läßt. Doch gibt es fast unüberschaubare andere:

»Ich versuchte die reine Zeichnung (Abb. 6), ich versuchte die reine Helldunkelmalerei, und farbig versuchte ich alle Teiloperationen, zu denen mich die Orientierung auf dem Farbkreis veranlassen mochte. So daß ich die Typen der farbig belasteten Helldunkelmalerei, der farbig-komplementären Malerei, der bunten Malerei und der total farbigen Malerei ausarbeitete ... Dann versuchte ich alle möglichen Synthesen zweier Typen, kombinierend und immer wieder kombinierend, und zwar immer unter möglichster Wahrung der Kultur des *reinen* Elements.«[1]

Aber alle diese Versuche geben der Malerei noch keine ›Harmonielehre‹, auf deren Grundlage sie ihre Kompositionen mit der gleichen Folgerichtigkeit entwickeln kann wie die zum Vorbild erkorene ›reine‹ Musik. Man muß einen energischeren Ansatz versuchen; das tut Piet Mondrian um 1920.

»Der elementarste Kontrast ist der rechte Winkel; durch die gerade Linie in diesem ihren prinzipiellen Gegensatz wird das konstante Gleichgewicht ausgedrückt.« (?) »Also können in einer ele-

---

1 Paul Klee: *Über die moderne Kunst* (1924). Bern 1945.

mentaren Gestaltung nur rechtwinklig aufeinanderstoßende Linien verwendet werden. Da aber übereinandergreifende Linien Räumlichkeit suggerieren und damit die Fläche als das grundlegend Elementare verletzen würden, müssen sie zu schmalen Streifen, die der Fläche sozusagen anhaften, verbreitert werden. Diese die Form konstituierenden Streifen bilden auf der Fläche ein System rechteckiger Felder. Diese müssen durch die Farbe bereichert und gegliedert werden. Das Reich der Farbe reduziert sich auf zwei elementare Gruppierungen: die primären Farben Rot, Blau und Gelb und die Nichtfarben Schwarz, Weiß, Grau. Mit diesen Elementen und ihrer Ordnung in formale und farbige Verhältnisse kann allein eine elementare und dadurch universelle Harmonie hergestellt werden, die gänzlich frei von allen individuellen Suggestionen und materiellen Assoziationen ist – *reine* Architektur (!), *reine* harmonikale Gestaltung.«[1]

Dieses als Spielregel gesetzte Prinzip ist zwar keineswegs logisch, denn es ist nicht einzusehen, weshalb, wenn der Übergang zwischen Schwarz und Weiß, also Grau, zugelassen wird, nicht auch die Übergänge zwischen Rot und Gelb, Gelb und Blau, Blau und Rot, weshalb nicht auch die Mitte zwischen den Horizontalen und Vertikalen des rechten Winkels, also Winkel unter 45 Grad zugelassen werden. Aber auch so entbehrt es nicht einer gewissen Folgerichtigkeit. Was dieser ›Harmonielehre‹ fehlt, ist aber, daß sie kein Prinzip kennt, nach dem, so wie in *jeder* musikalischen Harmonielehre (keineswegs bloß der klassischen) fehlerhafte, ›falsche‹ Verbindungen von den richtigen unterschieden werden können. Das Subjektive kommt an einer ganz anderen, viel tieferen Stelle als in der Musik durch eine Lücke wieder herein, welche die unkünstlerische Stelle des Systems bezeichnet.

Auch lassen sich mit nicht geringerer Folgerichtigkeit Harmonielehren mit ganz anderen Elementen und ganz anderer Syntax erfinden, in solcher Beliebigkeit wie man künstliche Sprachen erfinden kann. Die Frage bleibt unbeantwortet und unbeantwortbar, inwiefern gerade *diese* Spielregel eine ›reine‹ Malerei begründen könne.

---

1 Werner Haftmann: *Malerei im 20. Jahrhundert*, S. 272.

Ist das Ziel erreicht?

Ist nun irgendeines der faktisch erschienenen oder denkbaren Systeme der gegenstandslosen Malerei wirklich ›reinere‹ Malerei als alles, was in der alten Kunst dagewesen ist?

Auch hier werden nicht wenige finden, daß zum Beispiel die Spätwerke Tizians oder Velasquez' oder die Werke Cézannes entschieden viel ›reinere *Malerei*‹ sind als die Werke der absoluten Malerei. Aber darüber wird man, solange nicht von den streitenden Parteien ein gültiger Begriff dessen, was im Grunde ›malerisch‹ sei, angenommen ist, immer noch streiten können.

Nicht zu bestreiten aber ist, daß mit dem Schritt, den Mondrian getan hat, die Malerei – ganz analog wie die Baukunst – sich einer neuen ›Heteronomie‹ unterstellt hat, nämlich der der elementarsten Geometrie. Solche Bilder werden denn auch nicht mehr mit den typischen Werkzeugen des Malers gemacht, sondern mit den Werkzeugen des geometrischen Zeichners, mit Reißschiene und rechtem Winkel, und Farbe wird in sie nur als homogene Fläche, als ›Anstrich‹ eines Flächenkompartiments eingetragen. Wo diese Gestalt der ›Malerei‹ als die konsequente reine Malerei aufgefaßt wird, ist der neue Herr des Malers die Geometrie geworden und dem dynamischen Element der Malerei seine Selbständigkeit genommen. Ein neues Kapitel hat begonnen (siehe unten Seite 96).

III ›Reine‹ Komponenten der Malerei

In jedem gemalten Kunstwerk der alten Malerei verschmelzen geistige (noetische), sensuelle, gefühlshafte und Phantasie-Elemente, in jeweils verschiedenen Graden und in verschiedener ›Legierung‹. Was geschieht nun, wenn das Streben nach Reinheit auch sie erfaßt, wenn jede dieser Komponenten sich absolut setzt?

Das sensuelle Element, absolut gesetzt, ergibt die verschiedenen Spielarten der reinen Wahrnehmungsmalerei – wissenschaftlicher Impressionismus, fotografischer ›Realismus‹ – als Grenzfall die Fotografie, genauer gesagt eine Fotografie, die so arbeitet wie, unter bestimmten Bedingungen, die Wahrnehmung der sinnlichen Außenwelt[1].

Das noetische Element, absolut gesetzt, ergibt das konstruktivistische ›Bild‹ – im Grenzfall die reine Konstruktion wie bei Malewitsch oder Mondrian.

Das Phantasie-Element, absolut gesetzt, ergibt die Traum-Malerei, den ›Oneirismus‹ (in allen Spielarten) – im Grenzfall die reine Reproduktion der Fantasmata des Traums oder des Wahnsinns.

Das Gefühls-Element, absolut gesetzt, ergibt den Impressionismus der ›reinen‹ Gefühle – im Grenzfall den ›reinen‹ Kitsch, welcher nicht zufällig erst im 19. Jahrhundert blüht. Auch ist es nicht zufällig, daß der Kristallisationspunkt des religiösen Kitsches im 19. und 20. Jahrhundert die Herz-Jesu-Bilder sind (Herz im sentimentalen Sinn gleich ›Gefühl‹).

Die hier aus unserem Primärphänomen abgeleiteten Spaltungsprodukte des Gemäldes bezeichnen jedes eine typische und herrschende Möglichkeit in der Frühzeit der ›modernen Kunst‹, in der Mitte des 19. und im frühen 20. Jahrhundert. Der materialistische Naturalismus, der Konstruktivismus, die Kunst der Fantasmata und der Kitsch bezeichnen jedesmal den Aufstand eines Glieds – Auge, Kopf, Trieb, Herz – gegen das Ganze. Sie alle erwachsen aus der gleichen Wurzel und sind sozusagen feindliche Brüder, die einander

---

1 Die myopische modernistische Kunstkritik stellt es mit Vorliebe so dar, als sei ›die‹ Fotografie der Gegenpol der absoluten Malerei, das zu Überholende und Überholte, und die Mimesis der Natur in der alten Malerei sozusagen nur eine Fotografie ohne deren technische Mittel. Da man aber ohne weiteres auch absolute, konstruktivistische oder auch expressionistische und surrealistische Bilder auf fotografischem Wege herstellen kann, müßten auch diese Richtungen durch ›die‹ Fotografie überholt sein. Während dies in Wirklichkeit nur zeigt, daß alle Richtungen der ›modernen‹ Malerei in einem geheimen Bezug zum Mechanischen des fotografischen Prozesses stehen. – Es ist übrigens bemerkenswert, daß von einer ›reinen‹ Fotografie zu sprechen, sinnlos wäre; daran erweist sich, daß die Fotografie keine Gattung der Kunst, sondern nur ein Mittel ist, und zwar eines, das nur die moderne Kunst kennt und beansprucht. [myopisch = kurzsichtig (Die Red.)]

gegenseitig verachten und schlechtmachen, obwohl – oder weil – sie alle am gleichen Mangel leiden.

IV Die ›reine‹ Plastik

Die Ausstoßung des malerischen und des tektonischen Elements

Was mit der Plastik geschehen wird, geschehen muß, wenn sie den gleichen Weg einschlägt, den wir für Architektur und Malerei beschrieben haben, bedarf nun keiner langen Erklärung. Ebenso wie die Baukunst muß sie die malerischen Elemente ausstoßen, wenn auch nicht notwendig die Farbe.

Ein solcher Verzicht auf das malerische Element ist in der Plastik auch schon früher vorgekommen. Am Vorabend der modernen Kunst wird er durch den Schritt wiederholt, der etwa von Rodin zu Maillol führt. Wie in der Baukunst ist dieser Schritt nicht entscheidend und bringt, im Ganzen der Weltgeschichte gesehen, nichts wirklich Neues.

Entscheidend ist aber der Verzicht auf die Verbindung mit dem Tektonischen, die – wie wir schon oben gesehen haben – seit der Neusteinzeit und in allen Hochkulturen für alle Plastik verbindlich gewesen war. Seit damals steht alle Plastik materiell auf einer Basis, welche dieselbe ist wie die der Baukunst auch, oder sie ist doch ideell auf sie bezogen. Das gilt auch noch für solche Plastik, die schwebend aufgehängt ist – wie zum Beispiel die Gruppe von Mariae Himmelfahrt über dem Altar der Kirche von Rohr in Bayern – oder scheinbar schwebend angeheftet an die Architektur. Die Plastik des tektonischen Weltalters ist primär ›aufgerichtet‹ – wie der menschliche Leib, und in dieser Bestimmung der Plastik schwingt sogleich ein Geistiges mit. Auch liegende Plastik bezieht sich indirekt, im Kontrast, auf das ursprüngliche Aufgerichtetsein des menschlichen Leibes. Nicht zufällig ist der menschliche Leib – der im Stehen oder Sitzen, aber auch noch im Liegen sich aufrichtende, auch noch als Toter im Liegen aufrechte Leib – *das* große Leitthema dieses Weltalters zwischen der Altsteinzeit und der Moderne gewesen und bildet die Norm, auf die sich auch alle Abweichungen beziehen, wie die Dissonanz sich auf ein vorgesetztes harmonisches System bezieht.

Doch ist die Plastik als solche älter als Architektur. Es gibt plastisches Relief mit malerischen Werten verbunden in der Altsteinzeit in ihren Höhlenbildern, es gibt in ihr reliefhafte Geräteplastik und es gibt auch echte Vollplastik. Nicht zufällig dominiert unter den Gegenständen der Plastik die Darstellung des Tieres, die Darstellung der menschlichen Gestalt ist verhältnismäßig seltener. Dieser menschenbildenden Vollplastik fehlt jedoch die Basis. Sie steht nicht aus sich selbst, sondern um zu stehen, muß sie nach unten zugespitzt in den Boden gerammt werden oder an ein relativ Stehendes, eine Wand zum Beispiel, angelehnt werden. Sie baut sich nicht auf, sondern sie entfaltet sich in Wölbungen von der vitalen Mitte des Rumpfes her, der plastisch die betonteste Stelle ist, zu den Extremitäten, die wie Auswüchse des Rumpfes gegeben sind; auch ist es auffallend, daß der Kopf meistens gesenkt gegeben ist, wie in dumpfer Leibbefangenheit. Nur hier und da kündigt sich schüchtern eine Ahnung des Aufrechten an.

Es ist nun kein Zufall, daß von Theoretikern des 20. Jahrhunderts, die sich um das ›Wesen des Plastischen‹ Gedanken gemacht haben, diese urtümliche Plastik der plastischen Volumina als besonders ›reine‹ Plastik empfunden worden ist. In diesem Rückblick über Jahrtausende kündigt sich das neue Ideal der modernen ›reinen‹ Plastik sozusagen theoretisch an.

Der Verzicht auf den Gegenstand

Ganz durchsetzen kann sich diese Idee einer reinen Plastik erst, wenn die Plastik darauf verzichtet, menschliche und tierische Leiber darzustellen, wenn auch sie – wie die Malerei – ›gegenstandslos‹ wird. Jetzt heißt Plastik – eine Komposition plastischer Volumina im realen dreidimensionalen Raum, und zwar zunächst von Volumina mit *geschlossenen* Flächen. Zwar kann die plastische Gesamtmasse durchlöchert sein – das kommt ja auch in der alten gegenständlichen Plastik vor –, aber auch dann bleiben ihre Grenzflächen durchaus geschlossen.

Von dieser ›absoluten‹ Plastik gibt es formal gesehen verschiedene Spielarten. Das eine Extrem ist eine in unbestimmt rundlichen konvexen Wölbungen und konkaven Muldungen sich entfaltende Plastik, deren Volumina etwas Leibhaftes behalten. Ihre Bildungen gleichen dann oft *zufällig* zustandegekommenen ›Spielen der Natur‹: Gletscherschliffen, Klumpen geschmolzenen Schnees oder Eises, Kieseln (Abb. 2) oder auch im Flusse erstarrten Brocken geglühten Metalls.

Das andere Extrem sind Plastiken, die aussehen wie Bossen einer begonnenen Skulptur in einem gegebenen tektonischen Block oder in Konglomeraten aus solchen. Doch ist diese Spielart durch das Festhalten an der tektonischen Grund- und Ausgangsform weniger konsequent, weniger ›rein plastisch‹ als jene. Bildungen beider Spielarten können als Werdezustände auch in der alten Plastik auftreten, wenigstens annäherungsweise; das Neue ist, daß sie nun als fertige Werke gelten sollen.

Im Hinblick auf das Gegenständliche gibt es – wie in der Malerei auch hier – Übergänge von einer gegenständlichen zu einer ungegenständlichen Plastik, Gebilde zum Beispiel, in denen Reste der menschlichen Gestalt noch nach- oder anklingen, wie noch nicht aufgetaucht oder schon übertönt und verschlungen von primitiveren, elementareren plastischen Bildungen. Und hier wie dort heftet sich an diese Reste des Gegenständlichen die gemeinte Bedeutung.

Die konsequente Gestalt der ›reinen‹, absoluten Plastik ist natürlich die gegenstandslose: das reine Spiel körperlicher raumumfangener Volumina aus geschlossenen Grenzflächen. Als symbolische Urgestalt dieses plastischen Ideals könnte man den ›schönen Klumpen‹ ansehen oder auch das Ei (Abb. 2).

Solche Plastiken müssen nicht unbedingt vom Menschen geschaffen werden, sie können in der elementaren Natur vorgefunden und im Rang Kunstwerken gleichgestellt werden, daran wird jene Verwechslung des Künstlerischen (das immer Gestaltung ist) mit dem Aesthetischen offenbar, von der noch zu sprechen sein wird. Diese Verwechslung ist tatsächlich vorgekommen, wenn neben der vom Menschen gemachten Plastik solche objets trouvés der Natur in Ausstellungen aufgestellt wurden, zum Beispiel ein schön geformter rundlicher Stein.

Aber auch in der Plastik wird diese Stufe überschritten zugunsten eines neuen Ideals. Das neue Ideal sind die Elementarformen der niederen und höheren Stereometrie (siehe unten Seite 94 f.).

V Der Tod des Ornaments

Nur eine Kunstgattung kann nicht ›rein‹, kann nicht absolut werden: das Ornament.

Das Ornament, das malerisch oder plastisch oder auch selbst tektonisch (wie der griechische Zahnschnitt oder das Maßwerk der Gotik) an einem flächigen oder körperhaften Träger, an Architektur, Gerät, auf der flachen Seite des Buches oder an einem textilen Werk usw. erwächst, hat keinen Daseinsgrund mehr, wenn seine Träger, nach ›Reinheit‹ strebend, es von sich abweisen. Das Ornament ist die einzige Kunstgattung, welche autonom nicht bestehen, ja nicht einmal gedacht werden kann. Und das Ornament stirbt. »Dieser Tod des Ornaments ist ein Ereignis von größter Tragweite. Er ist ein historisches Faktum: Kein lebenskräftiges Ornament ist während der Blütezeit der *absoluten* Künste im 20. Jahrhundert mehr entstanden.«

Es genügt nicht, für den Tod des Ornaments das Aufkommen der neuen Werkstoffe verantwortlich zu machen, deren amorphe Substanz nicht imstande scheint, aus sich ein echtes Ornament hervorzubringen. Die wahre Ursache für seinen Tod liegt in dem Streben seiner Schwesterkünste nach Autarkie beschlossen. Auch ist es nicht zu verkennen, daß man das Ornament nicht mehr will. Man betrachtet es als überwundene Äußerung eines ›primitiven‹ Menschentums. In dem schon zitierten Satz Adolf Loos' »Ornament ist ein Verbrechen« äußert sich diese Auffassung ganz unverhohlen.

Nebenbei: Merkwürdig ist dabei zu bemerken, daß man in so vielen Bereichen die Kunst der ›Primitiven‹ sogar höher zu stellen geneigt ist als die der hellen Epochen; nur das Ornament lehnt man ab. Das weist deutlich darauf hin, daß es mit dem Ornament eine ganz eigene Bewandtnis hat. Es hat in dem allgemeinen Streben nach ›Reinheit‹ keinen Platz.

Nun geht sogar der Begriff davon verloren, was ein Ornament im Grunde sei. Es entschwindet die Einsicht, daß das Ornament das Schmückenswerte auszeichnet und selbst dem Geschmückten angemessen sein muß, daß es aber zugleich das Geschmückte ›interpretiert‹, daß es Tiefe, keineswegs nur im räumlichen Sinn, haben kann und eine eigentümliche Verbindung zwischen den Menschen und den Dingen stiftet. Es setzt eine Rangordnung der Dinge voraus.

Muster statt Ornament

Der Nachfolger des Ornaments wird das ›Muster‹. Das Muster ist selbst eine uralte Erscheinung, aber es war immer und ist auch jetzt etwas ganz anderes als ein Ornament. Das gilt auch dann, wenn es Übergänge zwischen Muster und Ornament gibt, wie zum Beispiel die zu Mustern angeordneten Ornamente. Aber auch das billigste, wertloseste Kattunkleid kann ein Muster tragen, während das Ornament – wo immer es auftritt – immer etwas *Auszeichnendes* besitzt.

Während es ein echtes ›modernes‹ Ornament nicht gibt, gibt es sehr wohl moderne Formen des ›Musters‹. Das wird sehr deutlich an einem Extremfall:

Das Paradebeispiel eines ›abstrakten‹ Musters ist der uns allen bekannte Tarnanstrich von Kriegsmaschinen – als dessen Erfinder sich ein bedeutender moderner Maler, Georges Braque, mit einem gewissen Stolz bezeichnet hat –, von Gebäuden, auch das textile Tarnmuster der Kriegskleidung. Es kann gar kein Zweifel bestehen, daß es hier keinen Sinn hätte, von einem Ornament zu sprechen, daß es aber durchaus Sinn hat, von einem Tarn*muster* zu sprechen. Sein praktischer Sinn ist, eine geschlossene und als solche erkennbare Form durch Zerlegung in unregelmäßige Elemente in ihre Umgebung aufzulösen und dadurch unkennbar zu machen, auf rationellem Wege das Zufällige zu schaffen.

Und hier enthüllt sich eine bisher von uns zu wenig bemerkte, bedeutsame Grundtendenz der modernen Kunst, der wir schon in jenem Grenzgebiet der ›absoluten‹ Plastik begegnet sind, wo zufälligen Naturgebilden der Rang eines Kunstwerks zugesprochen wird. Wir werden noch sehen, daß für eine ganze Grundrichtung der modernen Kunst der Zufall eine entscheidende Rolle spielt. Im Dadaismus (weniger entschieden in verwandten Richtungen) wird er für die Malerei und für die Dichtung zum Schöpfer, zum Komponisten erhoben. Arp »ließ geschnittene freie oder geometrische Formen von selbst eine *zufällige Ordnung* finden, klebte sie dann fest und nahm dieses *Geschenk des Zufalls* als Bild an (Abb. 4). Das Ergebnis war abstrakte Malerei.[1]« Gewiß! Aber das war eben ein Bild*muster*, kein Bild*ornament*, denn ein echtes Ornament kann aus Zufall nie entstehen[2], während es auch in der alten Kunst Muster – die sogenannten Streumuster – gibt, bei denen Zufälliges wenigstens *mit*spielt. Das Experiment Arps beleuchtete blitzartig die Tatsache, daß die abstrakte Malerei zur Grundlage das Bildmuster hat – aufwertend aber fälschlich ›Bildbau‹ genannt –, welches zwar nicht völlig ordnungslos sein muß, aber einer mehr oder minder zufälligen Ordnung gehorcht, und daß sie mithin in einem oft verborgenen Bezug zum Zufall steht. Nach Arps Demonstration wird das schwer zu bestreiten sein, man müßte denn zeigen, wie man sein ›zufälliges‹ Bild anschaulich von einem gewollt in diesem modus komponierten unterscheiden kann! Indirekt zeigt sich die Musterförmigkeit der entschieden ›absoluten‹ Malerei daran, daß sie sich sehr leicht auf ›dekorative‹ Musterungen aller Art, besonders textile, übertragen läßt und dabei nicht selten aesthetisch gewinnt.

Das Muster, selbst das eines Tarnanstrichs, kann sehr wohl geschmackvoll, es kann aber nie in dem Sinn bedeutungsvoll und künstlerisch sein wie ein Ornament. Es gehört als Phänomen wesentlich dem Bereich des aesthetischen Geschmacks zu.

Vielleicht wird nirgends so klar wie an dem Gegensatz von Muster und Ornament – und an diesem grundsätzlichen Gegensatz ändert es nichts, daß es auch ornamentale Muster gibt –, daß mit der ›modernen Kunst‹ die Kontinuität zur alten abreißt und nicht nur –

---

1 Werner Haftmann: *Malerei im 20. Jahrhundert*, S. 249.

2 Der Irrtum, das Ornament sei der absoluten Malerei vergleichbar, ist neben dem Irrtum, sie sei der wortlosen Musik alter Zeiten vergleichbar, das andere ›proton pseudos‹ der modernistischen Kunstkritik und ein Beweis ihrer Blindheit für das Wesentliche dieser Erscheinungen.

wie man es sich selbst und andere beschwichtigend darstellt – eine neue stilistische Phase eingetreten ist. Niedere Bereiche usurpieren den Platz der höheren: der Zufall wird zum Schöpfer schlechthin erhoben, und das Muster beansprucht illegitim die Nachfolge des Ornaments.

VI Verhältnis der ›reinen‹ Künste zueinander

Sobald jede der Künste: Baukunst, Malerei, Plastik maximal frei geworden ist von Beimengungen jeder anderen – und diese Stufe ist wesentlich im ersten Jahrzehnt des 20. Jahrhunderts erreicht und rasch überschritten worden –, ist jede von ihnen etwas ›ganz anderes‹ als jede andere. Es gibt zwischen ihnen keine vermittelnden Übergänge oder sollte doch keine geben. Ein Bau von Adolf Loos ist etwas ganz anderes als ein rein malerisches Bild von Kandinsky (Abb. 5), als eine reine Plastik von Brancusi (Abb. 2), als eine reine Zeichnung von Klee (Abb. 6). Jede ist rein ›für sich‹.

Man kann stufengleiche Gebilde der absoluten Kunst miteinander nur auf kaltem Wege verbinden, so daß jede die erreichte Reinheit ihres eigenen Wesens maximal bewahrt; ihre Vermählungen wie in der alten Kunst sind unmöglich geworden. Da die ›absolut‹ gewordene Architektur aufgehört hat, Ordnungsmacht für alle Künste zu sein, weist sie Malerei und Plastik auch keinen Ort an. Jede Kunst muß sich, sobald sie alle zusammentreten, den Ort bestimmen, an dem sie in völliger Reinheit bestehen kann. Als etwas anschaulich ›ganz anderes‹ hängt das absolute Gemälde mit seiner Leugnung der Tektonik an der Wand eines rein tektonischen modernen Hauses dieser Stufe, als etwas ganz anderes steht im Innen- oder Außenraum dieses Hauses eine absolute Plastik; streng gesprochen ›steht‹ sie dort nicht mehr, sondern befindet sich nur dort. Das Prinzip ihrer Zuordnung ist das Zusammenstellen, die Kom-Position im eigentlichen Wortsinn des Wortes (während man vor Werken der alten Kunst von einer commodulatio omnium partium sprechen könnte): – die Komposition des in sich absolut Isolierten. Sie ist eine Sache des Geschmacks. Alle diese Werke sind zwar nicht anschaulich, aber geistig miteinander verwandt, weil sie eben alle Erzeugnisse des gleichen puristischen Geistes sind, und auch das ist ihnen irgendwie noch anzusehen.

VII Absolute Musik

Die Idee der absoluten Musik und die Programmusik[1]

Wie der Gedanke der absoluten Malerei spukt der Gedanke der absoluten Musik schon seit den Tagen der Romantik. Man begegnet ihm bei Tieck, bei Wackenroder, bei E. T. A. Hoffmann. Es beginnt damit, daß die rein instrumentale Musik als die *höchste* aller Künste erklärt und die Architektur zur niedrigsten aller Künste degradiert wird. Dadurch wird aber, ob das ausgesprochen ist oder nicht, die Musik zum Vorbild, nach dem alle Künste sich orientieren *sollten*. Sie steht einerseits in Beziehung zum Unbestimmtesten, Flutendsten, dem Gefühl, andererseits zum Bestimmtesten, der Geometrie.

Diesen mehr aphoristischen Gedanken der Romantiker gibt Schopenhauer die Wendung ins Spekulative.

»So gewiß die Musik, weit entfernt eine bloße Nachhilfe der Poesie zu sein, eine selbständige Kunst, ja die *mächtigste* unter allen ist und daher ihre Zwecke ganz aus eigenen Mitteln erreicht, so gewiß bedarf sie nicht der Worte des Gesanges oder der Handlung einer Oper.« Sie spricht »nie die Erscheinung, sondern allein das innere Wesen, das Ansich aller Erscheinungen, den Willen selbst« aus. Sie drückt daher nicht diese oder jene Betrübnis oder Schmerz oder Entsetzen oder Jubel oder Lustigkeit oder Gemütsruhe aus, sondern die Freude, die Betrübnis, den Schmerz, das Entsetzen, den Jubel, die Lustigkeit oder Gemütsruhe *selbst* gewissermaßen *in abstracto* »und ohne alle Besonderung: es ist ihre bloße Form, ohne den Stoff, wie eine bloße Geisterwelt, ohne Materie«. »Sie gleicht hierin den geometrischen Figuren und den Zahlen, welche als die allgemeinen

[1] Dieser ganze Abschnitt verdankt wesentliche Erhellung, Berichtigung und Bestätigung Gesprächen mit THRASYBULOS GEORGIADES.

Formen aller möglichen Objekte der Erfahrung und auf alle a priori« anwendbar sind. »Denn die Musik ist, wie gesagt, darin von allen anderen Künsten verschieden, daß sie nicht Abbild der Erscheinung, oder richtiger, der adäquaten Objektivität des Willens, sondern unmittelbar Abbild des Willens selbst ist und also zu allem Physischen der Welt das Metaphysische, zu aller Erscheinung das *Ding an sich* darstellt.«[1]

Das ist nicht nur in nuce das – utopische – Programm aller kommenden ›absoluten‹ Künste, sondern es zeichnet auch schon die beiden Geleise vor, auf denen die Musik des 19. und 20. Jahrhunderts sich bewegen wird und auf denen die anderen Künste ihr zu folgen versuchen werden.

Denn die Musik ist also jetzt einerseits das Sichdarstellen der ›reinen‹ Gefühle, in abstracto, andererseits das Reich reiner Formen, die den apriorischen geometrischen Formen vergleichbar sind. So ist es aber zu verstehen, daß die Idee der ›Programm-Musik‹ und die Idee der ›absoluten‹ Musik nicht nur historisch zur selben Zeit auftreten, sondern auch sachlich dieselbe Sache sozusagen von zwei Seiten gesehen darstellen. Denn die Programmusik ist wesentlich ›Musik der reinen, abstrakten Gefühle‹ unter eine bestimmte Devise gestellt, welche der notwendigen Unbestimmtheit und Subjektivität der Darstellung Bestimmtheit geben soll. So wie die absolute Malerei *mit* intendierter Bedeutung – was wir schon oben festgestellt hatten – unter einer literarischen Devise steht und daher, als Versuch, das eigentliche Analogon zur Programmusik ist. Während die absolute Malerei *ohne* Bedeutung es der absoluten Musik der ›reinen Formen‹ gleichzutun versucht, und zwar wie diese im Hinblick auf die reinen Formen der Geometrie.

Daß die ›Programmusik‹ und die werdende ›absolute‹ Musik feindliche Brüder, Söhne desselben Geistes sind, hat die modernistische Kunstkritik vollkommen verkannt, obwohl schon die Tatsache, daß beide erst im 19. Jahrhundert und zur gleichen Zeit aufkommen, darauf aufmerksam hätte machen können. Um die Mitte

1 *Die Welt als Wille und Vorstellung*, I. Bd. (schon 1818!) 3. Buch, § 52; II. Bd. (1844) 3. Buch, Kap. 39.

des 19. Jahrhunderts tritt bei Wagner der Begriff der absoluten Musik auf – worunter die rein instrumentale Musik verstanden ist – als Gegenbegriff zu Wagners eigenem Begriff des ›Gesamtkunstwerks‹ wie zu dem Begriff der ›Programmusik‹ (Liszt, Berlioz). Hanslick wird diesen Begriff dann theoretisieren: »Instrumentale Musik ist die reine, absolute Tonkunst.« Der Begriff der ›absoluten Musik‹ ist also historisch bedingt und nur aus der Situation des mittleren 19. Jahrhunderts zu verstehen. Ihn auf alle historische Musik der Vergangenheit im Gegensatz zur vokalen (sprachgebundenen) Musik anzuwenden, zum Beispiel auf die Musik Bachs oder die der Wiener Klassik, ist – obwohl Wagner gerade die Wiener klassische Instrumentalmusik als ›absolute‹ Musik bezeichnet – unhistorisch und sachlich verfehlt. Diese Auffassungen bringen Erscheinungen in eine abstrakte Klasse, die wesenhaft miteinander nichts zu tun haben.

Atonale Musik und absolute Künste

Die wirkliche Analogie zur ›absoluten‹ Malerei ist erst die Zwölftonmusik. Sie treten beide genau zur gleichen Zeit auf.

Die Analogie erstreckt sich auf folgendes: Wie die absolute Malerei (und die anderen absoluten Künste überhaupt) setzt sich die Zwölftonmusik die ›Spielregeln‹ autonom, ohne Bindung an eine vorgegebene objektive Ordnung und Wirklichkeit der Klänge. Was dem Verzicht auf den Gegenstand musikalisch *genau* entspricht, das zu bestimmen bleibe den Theoretikern der Musik überlassen. Der Verzicht auf eine tonale Basis ist *allein* so wenig entscheidend, wie das ›Schweben‹ für das Wesen der modernen Kunst. Jedenfalls aber ist es falsch und unhaltbar, im ›Programm‹ oder gar im ›Text‹ die Analogie zum Gegenstand der bildenden Künste zu sehen. Der typischen Labilität der modernen Malerei und der Basislosigkeit (Bodenlosigkeit) der modernen Architektur und Plastik entspricht der Verzicht auf eine tonale Basis. Und in beiden Fällen bedeutet das Streben nach Absolutheit noch ein weiteres: die Forderung nach einer vom Ganzen des Menschen ›abgelösten‹ Kunst. So wie die poésie pure (siehe nächstes Kapitel) danach strebt, »eine Poesie zu machen, die nichts enthält als reine Poesie«, eine Dichtung, die abgelöst von jedem menschlichen Gehalt bestehen kann, so strebt auch die absolute Musik nach einer Musik an sich, abgelöst vom Ganzen des Menschen und seiner Wirklichkeit, isoliert, in schneidender Objektivität, »aus der das vermeintlich musikfremde Element der Anima herausoperiert ist, so daß das mathematisch-kombinatorische Element allein übrigbleibt« (ANTON BÖHM). Die Neigung, das menschliche Element aus der Musik auszuschließen, hat sich schon angekündigt, als die Romantiker (TIECK) die instrumentale Musik als die allein ›reine‹ Musik bezeichneten und die vokale Musik zu einer ›bedingten‹ degradierten. Offenbar liegt auch hier ein falscher, unkünstlerischer Begriff von ›Reinheit‹ dem Irrtum zugrunde.

Die Zwölftonmusik ist also die extremste Konsequenz einer Bewegung, die mit der Musik des subjektiven Gefühls in der Romantik begonnen, die in den »tönend bewegten Formen« (HANSLICK) das ›abstrakte‹ Gefühl zur Grundlage genommen hat und die nun die absolute Loslösung von ganzheitlichen Bindungen vollzieht. In den Frühwerken SCHÖNBERGS ist diese Herkunft aus der Romantik, die LANKHEIT für die absolute Malerei nachgewiesen hat, noch überdeutlich zu erkennen.

Über den Analogien darf aber der tiefgehende Unterschied nicht verkannt werden. Auf ihn weist schon der Umstand hin, daß die Zwölftonmusik zu einem zwar willkürlich gesetzten, aber weithin angenommenen System gekommen ist, während die absolute Malerei sich in Experimenten, ein analoges System zu schaffen, zersplittert hat, da eine Einigung über *die* Elemente der ›reinen‹ Malerei und ihre Syntax nicht nur nicht erreicht worden *ist*, sondern auch nicht zu erreichen *war*. Ihre Experimente sind Versuche mit untauglichen Mitteln geblieben. Das ändert aber nichts daran, daß beide aus demselben Geist, dem der ›Autonomie‹, entsprungen sind.

Das Umschlagen ins Sinnlose

Diese ganz autonome Musik, eine musikalische Logistik, bewegt sich letzten Endes »auf das Absurde zu«. »Diese Stücke sind musikalisch in strengem Verstand sinnlos: ihre Logik, ihr Aufbau und Zusammenhang weigern sich dem lebendig hörenden Vollzug... Auch das Sinnlose kann, als Kontrast und Negation des Sinnes, sinnvoll werden, so wie in der Musik das Ausdruckslose eine Gestalt des Ausdrucks ist. Damit aber haben die jüngsten Bestrebungen nichts mehr zu tun. Ihnen wird die Sinnlosigkeit schlechterdings zum Programm, etwa wie die logischen Positivisten jeden Sinn aus den Begriffen austreiben und sie in bloße Spielmarken verwandeln möchten. Durch die Vorherrschaft atomistischer Elemente zergeht der Begriff des musikalischen Zusammenhanges, ohne den von Musik doch wohl nicht die Rede sein kann. Der Kultus der Konsequenz geht in Götzendienst über – *so schlägt die Rationalisierung auf ominös symbolische Weise ins Chaotische um (!)*... Verblendet erhebt man ein vom Menschen Gemachtes zum Urphänomen und betet es an, der authentische Fall von Fetischismus.«[1]

Rückblickend erkennen wir die Analogie dieses Vorgangs zu den Endphasen der ganz absolut gewordenen Malerei.

VIII ›Poésie pure‹

Poesie mit nichts als der Idee der Poesie zu machen, ist das Vorhaben der ›poésie pure‹.[2]

Sie entsteht aus einem echten Bedürfnis: sich zu verschließen gegen die banalisierte Sprache des praktischen Lebens wie gegen die verdorrte und erkaltete Sprache der Wissenschaft. Sie ist ›Hermetis-

---

[1] Das Gewicht dieser Sätze liegt darin, daß sie von einem Kritiker stammen, dem man Unverständnis für die moderne Kunst – soweit sie Kunst ist – nicht vorwerfen kann, dem aber im Gegensatz zu den soidisant ›Kritikern‹ die Unterscheidung von Kunst und Unkunst auch in der Moderne als das Wichtigste erscheint. THEODOR W. ADORNO: *Philosophie der neuen Musik*, Tübingen 1949.

[2] Dieser ganze Abschnitt, wie auch der nächste, folgt, zum großen Teil sogar wörtlich, den unübertrefflichen Darlegungen des Kapitels ›poésie pure‹ in WLADIMIR WEIDLÉS schon zitiertem Buch *Les abeilles d'Aristée* (1954).

mus‹ der reinen Kunst. In den alten Zeiten, in denen die Sprache des Alltags wie die der Wissenschaft in unmerklichen Übergängen, durch feinst verzweigte Blutbahnen mit der poetischen Sprache kommunizierten, konnte dieses Bedürfnis nicht entstehen.

Damit verbindet sich der Wunsch, die Dichtung von allem literarischen und *menschlichen* Ballast zu ›befreien‹, um ihr den Aufstieg in die Sphäre absoluter dichterischer Reinheit zu ermöglichen. Vorbild wird auch für die Poesie die Musik. Nach der Theorie der poésie pure obliegt es den Dichtern, »de reprendre à la musique leur bien«, das heißt, ihre Kunst der ›reinsten‹ aller Künste, jener Musik anzunähern, die kein Programm, keinen ›Gegenstand‹ und keinen menschlichen Gehalt kennt. Der größte unter den Vertretern der so aufgefaßten poésie pure, Mallarmé, denkt dabei keineswegs daran – und hier liegt der tiefe, von einer oberflächlichen Kritik nicht genug beachtete Unterschied gegenüber der radikal ›absoluten‹ Malerei –, die Bedeutung der Worte und Sätze aufzugeben und nur in bedeutungslosen Wort- oder Silbenklängen zu dichten.

Auch ist ihm Musik nicht die Melodie, die ›Musikalität‹ eines Verses im herkömmlichen Sinne des Wortes. Er faßt sein Vorhaben subtiler und tiefer auf: als die Anstrengung des Dichters, sich die innere Struktur der Musik zu eigen zu machen. Dichtung im reinen Zustand würde nach dieser Auffassung geschaffen, wenn es gelänge, ein dichterisches Werk aus Wortklängen zu konstruieren, die weitgehend unabhängig sind von den realen Dingen, auf die sich diese Worte beziehen. Ein solches Gedicht ist keine Komposition von Wortklängen oder Silben *ohne* Sinn – wie es die italienischen und russischen Futuristen oder die Dadaisten zu machen versucht haben und wie sie als ›Einsprengsel‹ in den Romanen James Joyces auftreten kann –, denn ein Laut ohne Sinn wäre kein *Wort* mehr. Vielmehr sollen die Bedeutungen der Worte zwar erhalten bleiben, aber transponiert aus der Welt der alltäglichen Bedeutungen in die poetische Welt, die autonom ihren eigenen Gesetzen gehorcht. *Eine Musik der Bedeutungen, getragen von Wortklängen, das ist die wesentliche Formel der poésie pure.* Die Dichtungen Mallarmés verwirklichen dieses Vorhaben nur selten, aber sie haben das Programm aufgestellt. Ohne dieses Programm wären einige der schönsten Gedichte der französischen Sprache ungeschrieben geblieben, und doch hat dieser Versuch, ›Gold synthetisch zu machen‹, am Ende den Dichter in eine Sackgasse geführt, wo das Experiment die Schöpfung überwältigt.

Der Irrtum, man könne die Essenz des Poetischen durch Destillation gewinnen

Denn auch dieses Prinzip faßt die Vorbildlichkeit der Musik zu unkünstlerisch auf.

Die Forderung, aus einem Gedicht alle jene Elemente auszumerzen, die nicht essentiell ›poetisch‹ sind, enthält ein rationalistisches Vorurteil. Es ist ein rationalistischer und im Grunde sogar ein sublim materialistischer Aberglaube, daß sich eine Essenz des Poetischen auf diese quasi chemische Weise destillieren lassen könnte, – ein Irrtum so falsch, als ob man die Lebenssubstanz ›rein‹ darstellen wollte. Der bedeutende Irrtum Mallarmés ist der Glaube, die Essenz des Poetischen lasse sich isolieren und in reinem Zustand darstellen, indem man ohne tieferen Bedeutungszusammenhang Wortkombinationen von unübertrefflicher Dichtigkeit zusammenstellt. Seine letzten Sonette – die immerhin noch am Schema einer altüberlieferten Dichtungsform festhalten – sind im eigentlichen Sinne gesprochen keine Gedichte mehr, sondern Exemplifikationen dafür, was er unter Poesie versteht: eine angewandte Aesthetik. Bewußt oder unbewußt faßt er die Poesie als eine *Materie* auf, freilich als eine Materie so leicht wie man will, flüchtig, strahlend, die der Dichter aufzufangen versucht, die er von aller Beimischung (alliage) zu reinigen und in eine kristallene Phiole zu gießen hat. Indem er diese Scheidekunst übt, verwandelt sich aber der Dichter unvermerkt in den ›Kritiker‹ – denn krinein heißt scheiden. Der kritische Geist aber kann zwar die dichterische Einbildungskraft lenken, korrigieren, reinigen, es ist aber ein Irrtum zu glauben, daß er sie ersetzen könnte. »Construire un poème qui ne contient que poésie« – das ist die Utopie Mallarmés, wie es mutatis mutandis die Utopie der absoluten Malerei ist. Doch schon Valéry, der den von Mallarmé eingeschlagenen Weg weitergegangen ist, hat einsehen müssen »construire un poème qui ne contient que poésie est impossible«, und auch T. S. Eliot erkennt: »If you aim only at poetry in poetry there is no poetry either.« Wenn diese Einsicht allgemein geworden ist, wird ein Kapitel der Geschichte der gesamten modernen Kunst geschlossen werden.

Das Scheitern der ›poésie pure‹

Denn dieser Weg führt zum Schluß ins aesthetische Nichts. Mit dem späten Valéry steht, wie Ernst Robert Curtius richtig erkannt hat, »die Dichtung am Rande des Abgrunds, an der Grenze des Nichts«. Die wahren Gedichte Mallarmés sind nicht nach dem theoretischen Prinzip der poésie pure entstanden, sondern gegen ihr Prinzip, wie übrigens die wenigen wahren Kunstwerke der absoluten Malerei auch.

Die poésie pure existiert nur als Entwurf, in Wirklichkeit existiert sie nicht. Als Idee ist sie die Negation der Poesie, denn man verneint die Poesie, wenn man sie als einen, sei es auch noch so subtilen *Stoff* betrachtet, als eine Vollendung in sich, die in der Abwesenheit jedes dichterischen Gegenstandes, jeder übergreifenden Bedeutung, jedes menschlichen Gehalts bestünde. Abgelöst von jedem anderen Sinn wird der reine ›Kunstsinn‹ gefährlich, denn er paralysiert die künstlerische Schöpfung, die etwas unendlich Komplexeres, Geheimnisvolleres ist. *Man macht keine Kunst mehr, wenn man nichts als Kunst machen will.* Nachdem die Pyrotechniker der poésie pure ein unvergleichliches kurzes Feuerwerk abgebrannt haben, ist die Nacht der Dichtung da und ihr Ende.

In diesen Erkenntnissen liegt zugleich die Erkenntnis von der letzten Vergeblichkeit aller ›absoluten‹ Kunst beschlossen, sofern sie mit ihrem Prinzip wirklich Ernst macht, vor allem auch der absoluten Malerei, obwohl auch sie in der Grenzzone zwischen der alten schöpferischen Kunst und der reinen Konstruktion bemerkenswerte Werke aufzuweisen hat. Dabei darf man nicht übersehen, daß die absolute Malerei ja um einen verhängnisvollen Schritt weitergegangen ist als die poésie pure, da sie in ihrer extremsten Konsequenz von der vermeintlichen Essenz der ›reinen Malerei‹ auch noch die ›Musik der Bedeutungen‹ abgezogen hat. Sie entspricht auf dieser Stufe nicht mehr der ›poésie pure‹, sondern dem Experiment des literarischen Dadaismus. Im Dadaismus wird schließlich aber das künstlerische Schaffen als solches verneint. Wenn Tristan Tzara »Zettel aus einem Hut ziehen ließ und dieses zufällige Zusammentreten der Worte fixierte und zum Gedicht erklärte«, so gibt der Dichter seine Rolle an den Zufall ab, der die Inspiration ersetzt. Wenn das nicht aesthetischer Nihilismus ist, dann gibt es keinen.

IX Der ›reine‹ Dichter

Die Loslösung des Dichters vom Menschen

Es gibt eine Motivation der poésie pure, die radikaler ist als die theoretisch-aesthetische und die einen neuen Aspekt des Strebens nach Reinheit enthüllt. Sie hat ihre grandiose Darstellung in Rimbauds ›Une saison en enfer‹ gefunden. Vielleicht erst heute ist die ganze Bedeutung dieses Werks verständlich wie auch das Schicksal seines Autors nach der Beendigung dieses Werks. Die Idee der poésie pure offenbart hier unzweideutig, daß sie unheilvoll, zerstörerisch für die Dichtung wie den Dichter ist.

Zum Unterschied von Werken, die sich im elfenbeinernen Turm der poésie pure gegen die anti-poetische moderne Welt verschlossen und ihn zur Werkstatt ihrer dichterischen Alchimie gemacht haben, ist es ein menschliches Werk, beruhend auf einer fast mystisch zu nennenden Erfahrung und auf einem enormen Opfer. Rimbauds Werk gleicht nicht den Produkten der poetischen Goldmacher, sondern eher dem Zungenreden.

Er kommt zu seiner poésie pure nicht wie jene dadurch, daß er aus dem Entwurf des Gedichts alle nicht poetischen Bestandteile ausscheidet, welche der kritische Geist darin noch entdeckt, sondern indem er aus sich alles entfernt, was dem Menschen und nicht dem Dichter zu eigen ist, um sich in jenen somnambulen Zustand zu versetzen, in dem das Kunstwerk sich produziert. Die Idee Rimbauds ist, reine Dichtung zu gewinnen, indem man sich zum ›reinen

Dichter‹ macht und ihm das ganz-Menschliche opfert: sie setzt in einer tieferen Zone der Produktion an. Für Rimbaud zeigt sich die Idee der Poesie nicht in abstrakter Form, er faßt sie auf als eine Weise zu leben, eine Art man selbst zu sein. Um Dichter zu sein, »il faut faire l'âme *monstrueuse*« – ein Wort, das schaudern machen müßte, wenn der moderne Mensch nicht so abgebrüht wäre. Um dieses Ziel zu erreichen, bedarf es einer eigentümlichen Disziplin, einer Askese, des dérèglement der Sinne; um es zu erreichen, muß man große Leiden auf sich nehmen.

Dieser Weg scheint in die Quellzone auch der alten und ewigen Poesie zu führen und ist noch weit entfernt von jenem automatischen Sprechenlassen des Unbewußten, ohne Korrektur, welches die Surrealisten zur Prozedur erheben werden. Aber diese Quellzone wird jetzt bewußt aufgesucht, bewußt wird das Menschliche im Dichter von dem rein Dichterischen geschieden.

Deutlicher vielleicht als irgendwo in der modernen Kunst erkennt man hier, daß dieses Verhalten im Grunde ein religiöser Glaube ist, welcher die Kunst zum Idol erhoben hat; daß der Kult der ›reinen Poesie‹, so entschieden aufgefaßt, einer der Nachfolger des religiösen Kultes ist. Und daß diese Haltung – wie so vieles an der modernen Kunst – ihren Ursprung in der Romantik hat.

Das Enttäuschende ist, daß das Resultat dieser qualvollen Anstrengungen das gleiche ist wie das der theoretischen poésie pure: dieselbe Aushöhlung der Poesie und dieselbe Isolierung. Die menschliche Existenz wird dem poetischen Traumwandeln geopfert, welches sie zerreißt und unter die Füße tritt, mit ihren Werten und ihrem Glück tabula rasa macht, weder die Klarheit der Vernunft noch die Bestimmtheit des Wollens duldet, das alles was im Menschen am göttlichsten und zugleich am menschlichsten ist, seine schöpferische Kraft, zum Feind der Kunst erklärt. Das Ende ist die Katastrophe und das Schweigen. Das furchtbare und faszinierende Wagnis, eines der ergreifendsten, das die moderne Kunst kennt, endet damit, daß Rimbaud die Dichtung aufgibt und nicht nur aufgibt, sondern degradiert: »Die Poesie ist eine Dummheit!« Das Experiment, den reinen Dichter aus dem ganzen Menschen herauszusondern, ist ad absurdum geführt.

Ein solches enormes Opfer ist nur möglich, wo die Kunst selbst höchster Wert, summum bonum geworden ist. Die Kunst als summum bonum – das aber ist nichts anderes als der radikal zu Ende gedachte und gelebte Aesthetizismus. Von ihm muß also die Rede sein.

X Autonome Kunst

Die Dialektik des Aesthetischen

Das Streben nach Reinheit, welches die Gattungen der absoluten Künste hervorbringt und sich in jeder Gattung wiederum als das Streben nach reinen Elementen äußert, offenbart sich auch auf einer höheren Ebene. Auch die Kunst als solche strebt danach, ganz nur reine Kunst zu werden. Dies ist ein Phänomen von wahrhaft ungeheurer Bedeutung, welches man nicht genug beachtet hat. Die Kunst löst ihre Verbindung zur Seinsordnung und Wertordnung, sie möchte Kunst »machen« unter »Absehen von allen ethischen und religiösen Rücksichten«. Sie möchte völlig autonome Kunst sein. Abstrakt ist die Kunst, die von allem absieht, was nicht Kunst ist (Weidlé).

Diese autonome Kunst ist aber nichts anderes als der Aesthetizismus, der Kult des Kunstschönen an sich, nicht einer Schönheit, die der ›Glanz des Wahren‹, des Guten und des Einen ist, sondern einer ganz losgelösten, absoluten Schönheit.

Aesthet ist nicht nur – wie es eine oberflächliche Meinung annimmt – der Mensch, der sich mit schönen, geschmackvollen Dingen umgibt und sein Leben geschmackvoll ›in Schönheit‹ lebt. Dies ist nur die erste, unterste Stufe des Aesthetizismus. Sondern der Aesthet ist – tiefer begriffen – der Mensch, dem die Kunst, aufgefaßt als ›das rein Aesthetische‹, zu einem allen anderen Werte übersteigenden höchsten und selbstgenügenden Wert geworden ist.

In dem so aufgefaßten Aesthetizismus ist aber eine merkwürdige Dialektik angelegt, die von nun an das Schicksal der autonom gewordenen Kunst bestimmt. Das hat Friedrich Schlegel – aus einer ›existentiellen‹ Erfahrung des aesthetischen Geistes, von dem er sich erkennend distanziert – schon 1799 vollkommen klar durchschaut[1]. In einer nur auf das Aesthetische gerichteten Kunst wird, ja muß »der Geschmack der alten Reize mehr und mehr gewohnt« – deshalb ist in der modernistischen Kunstapologie so viel von ›neuen Reizen‹, vom ›frisson nouveau‹ die Rede – »nur immer heftigere und schärfere begehren. Er wird schnell genug zum *Pikanten und Frappanten* übergehen. Das Pikante ist, was eine stumpf gewordene Empfindung krampfhaft reizt, das Frappante ist ein ähnlicher Stachel für die Einbildungskraft. Dies sind die Vorboten des nahen Todes. Das Ende ist die dünne Nahrung des Ohnmächtigen, und das *Chokante,* sei es abenteuerlich, ekelhaft oder gräßlich, die letzte Konvulsion des sterbenden Geschmacks« – das Ende und der dialektische Umschlag des Aesthetizismus. Die Kunst des 20. Jahrhunderts, vor allem die Malerei, hat diesen prophetischen Sätzen eine Wahrheit verliehen, deren besondere Gestalt Schlegel freilich bei weitem nicht ahnen konnte.

Diese Prophezeiung Schlegels ist weit mehr als ein geistvoller Einfall. Wer sich, sei es auch nur versuchsweise, das aesthetische Dogma zu eigen macht, wird die Notwendigkeit dieser Entwicklung und des dialektischen Umschlages ohne weiteres selbst erkennen. Daß eine aufs nur Aesthetische gerichtete Kunst zum Schluß beim Abenteuerlichen, Ekelhaften und Gräßlichen enden *muß*, ist ebenso gewiß und evident, wie daß eine auf das ›rein‹ Erotische gerichtete Erotik zum Schluß beim Marquis de Sade endet.

Das von Schlegel angebahnte Verständnis des Aesthetizismus erklärt nicht nur gewisse formale ›Neuerungen‹ der modernen Kunst, sondern auch bestimmte von ihr bevorzugte Inhalte, Motive und Themen, die der Sphäre des Pikanten, des Frappanten und Chokanten angehören. Und was wäre ohne das Frappante und Chokante eine moderne Kunstausstellung? Vor allem aber erklärt es die ›traurige Sucht nach Neuerungen‹, die wahre Neu-Gier der modernen Kunst.

Übrigens wird Schlegels Einsicht bestätigt durch Wladimir Ssolowjow, der einen ganz ähnlichen dialektischen Umschlag gesehen

---

[1] Friedrich Schlegel: *Prosaische Jugendschriften I* (hg. von Minor, Wien 1906), S. 79, 165.

hat. »Wo nun an diese Dreieinigkeit des Guten, Wahren und Schönen nicht mehr geglaubt wird, da wird die ewige Schönheit zur alten Schönheit erklärt, und auf ihren Ruinen wird das Banner der neuen Schönheit aufgepflanzt« – nämlich das Banner des Aesthetizismus. »Zwischen der alten und der neuen Schönheit besteht der Unterschied, daß die erstere in engem und natürlichem Bündnis mit dem Guten und Wahren lebte, die zweite aber ein solches Bündnis nicht nur für überflüssig, sondern direkt unpassend und unerwünscht fand. Am interessantesten ist aber: Zuerst wird erklärt, die Schönheit sei frei vom Gegensatz zwischen Gut und Böse, zwischen Wahrheit und Lüge, sie stehe höher als der Dualismus und sei gleichgültig ihm gegenüber; zum Schlusse aber erweist es sich plötzlich, daß diese Freiheit und Schönheit, so wie ihre angebliche göttliche Unparteilichkeit gegenüber beiden Seiten unmerklich in eine gewisse Feindseligkeit gegen eine Seite (und zwar gegen die rechte: das Wahre und das Gute) und in einen gewissen, unüberwindlichen Hang, *der einer Art Krankheit gleicht*, zur anderen Seite (zur linken: dem Bösen und der Lüge) übergegangen sei, in einen gewissen Pythismus, Dämonismus, Satanismus und die übrigen *neuen Schönheiten*, die im Grunde ebenso alt sind wie der Teufel und seine Großmutter.«[1]

Ohne das Verständnis dieses eigentümlichen Umschlagens des Aesthetizismus ist auch ein so merkwürdiges Phänomen wie der Surrealismus nicht ganz zu verstehen (siehe unten Seite 103 ff.).

Das Interessante als Ersatz für das Schöne

Man muß diese Feststellungen ernst nehmen: Die Proklamation der Autonomie der Kunst ist ein Ereignis von schwersten Folgen. Ein neues Idol ist erstanden: die Kunst als höchster Wert. Erst jetzt und dadurch ist es möglich, daß Künstler der Kunst nicht nur dienen, sondern ihre Seele der Kunst der ›neuen Schönheit‹ opfern.

Die ›neue Schönheit‹ aber ist vorzüglich *das Interessante*. Das Interessante wird zu einer bevorzugten Kategorie des Aesthetizis-

---

[1] Wladimir Ssolowjow: *Deutsche Gesamtausgabe*, Bd. VII (1953), S. 397.

mus. Daß es eine fragwürdige Kategorie ist, die sich auf Werte minderen Ranges bezieht, zeigt sich allein schon daran, daß man nach einer treffenden Bemerkung Fedor Stepuns zwar sagen kann, eine Beleuchtung sei ›interessant‹, nicht aber die Sonne sei interessant, eine kulinarische Erfindung sei interessant, nicht aber das Brot sei interessant. Die Natur, die Kreatur, der Mensch als Kreatur sind für die neue Aesthetik, welche sie entwertet, weniger interessant als die Schöpfungen der Kunst oder der Technik.

Dies kommt kraß in einer Invektive eines der Wortführer der modernen Kunst, Guillaume Apollinaires, zum Ausdruck: »Lange genug haben wir den Menschen, die Tiere, die Pflanzen und die Sterne angebetet; es ist Zeit zu zeigen, daß *wir* die Herren sind.« Ich wüßte nicht, daß sie auf starken Widerspruch der modernen Künstler gestoßen wäre.

Wo aber letzten Endes nur mehr sein Werk dem Künstler interessant ist, wird er von der Welt und den Menschen abgeschnitten. Seine ›fürchterliche Isoliertheit‹ – die keine Propaganda und kein ›Erfolg‹ ganz aufheben kann – kommt keineswegs nur aus den gesellschaftlichen Verhältnissen, sie hat ihren Grund in ihm selbst, im Ideal der selbstgenügsamen Kunst. Sobald die neue Aesthetik die absolute Autonomie der künstlerischen Sphäre proklamiert und vom Künstler erwartet, daß er ›reine‹ Kunst mache, wird der Künstler zum spezialisierten Produzenten einer Ware degradiert, für die nur wenig Bedürfnis besteht und auch durch eine skrupellose Propaganda nur in beschränktem Maße geweckt werden kann.

Das alles wird man noch besser verstehen, wenn man sich den Typus des aesthetischen Menschen und des Künstlers klarmacht, der diese Auffassung der Kunst in Reinkultur verkörpert: den ›interessanten‹ Menschen und den ›interessanten‹ Künstler. Seine konstitutiven Züge hat Kierkegaard klar bestimmt, es sind: das Spiel mit den Möglichkeiten, die Ironie und die Schwermut. Dies sind zugleich mehr oder minder hervortretende Bestimmungen der modernen ›autonomen‹ Kunst durch alle ihre Spielarten hindurch[1].

---

[1] Hans Sedlmayr: *Kierkegaard über Picasso.* In: ›Wort und Wahrheit‹, Mai 1950.

XI Der autonome Künstler

Das Spiel mit den Möglichkeiten

»Die Möglichkeit besteht darin, daß man kann; daß man alles begreifen und mit allem spielen kann, ohne sich entscheiden zu müssen. Möglichkeit bedeutet *Schweben*, Freisein, unendliches Können, grenzenlosen Reichtum, unablässiges Spiel mit unzähligen Daseinsformen. Ihre ganze dämonisch ängstende Gewalt entfaltet sie erst im Kampf mit dem Gegenspieler, der Wirklichkeit. Was die Möglichkeit verspricht, muß verführerischer wirken als die Wirklichkeit; die Möglichkeit steht aesthetisch höher als die Wirklichkeit, sie erst gibt der Phantasie die gefährlich berauschende, nie versiegende Nahrung... und läßt sie Hölle und Paradies in ihrem Inneren erschaffen«, auch »jene seltsamsten und abenteuerlichen Zerrbilder und Mißgestalten (!!), wie sie nur eine fürchterlich reiche, dunkel in sich selbst arbeitende Phantasie erfinden konnte«. Dem ›interessanten‹ Menschen wie dem ›interessanten‹ Künstler wird die äußere Welt zum Anlaß, zur ›occasio‹ seiner eigenen spielenden Tätigkeit und Produktivität. »Das ganze Dasein wird ein bloßes Spiel für die dichtende Willkür, die nichts verschmäht, auch nicht das Unbedeutendste, für die aber auch nichts besteht, auch nicht das Bedeutendste«. Ihre Parole ist: »Je verrückter, desto besser.« Abwechslung ist das Losungswort für diesen Typus. »Bedeutet aber Abwechslung, das eine wollen, was dasselbe bleibt? Im Gegenteil, es bedeutet das Mannigfaltige, und einer, der das will, ist nicht nur zwiespältig, sondern mit sich selbst entzweit, so daß er eines will und gleich darauf das Entgegengesetzte.« »Dem Selbst ohne Notwendigkeit erweitert sich der Bereich der Möglichkeit immer mehr, weil nichts wirklich wird. Zuletzt ist es, als wäre alles möglich, zuletzt, wenn der Abgrund das Selbst verschlungen hat... Da zeigt sich etwas als möglich, und dann zeigt sich eine neue Möglichkeit, und zuletzt folgen die Phantasmagorien so hurtig aufeinander, daß es ist, als wäre alles möglich, und das ist gerade der letzte Augenblick, wo das Individuum selbst bloß eine Möglichkeit zu allem Möglichen geworden ist. Was fehlt, ist eine Kraft zu gehorchen, sich unter die im Selbst liegende Notwendigkeit (die eigene Grenze) zu beugen.«

»Wer die Ausnahme will, ist ein Auswanderer, aber von der eigenen Art, daß er nicht in einen anderen Weltteil oder in das Land jenseits des Grabes auswandert: sondern in das Nichts.« Der ›interessante Künstler‹ zeigt durch sein Leben und seine Kunst, »daß die reine Intellektualität eine ungeheure Abstraktion sei, und wenn man diese vollzogen habe, sei nichts mehr da, gar nichts«.

Ironie und Schwermut

Zum Spiel mit den Möglichkeiten gehört die Ironie. Denn »die Ironie ist das freie Schweben über dem eigenen Leben«, »das unendlich leichte Spiel mit dem Nichts«. Subtil zeigt Kierkegaard, »wie das Subjekt in der Ironie beständig *aus dem Gegenstand und damit aus der hemmenden und verachteten Wirklichkeit herauswill*«! »Es disputiert einem jeden Phänomen die Realität weg, um sich selbst zu befreien, das will sagen, um sich selbst in der negativen Unabhängigkeit von allem zu bewahren.« Nun zeigt es sich, »daß die willkürlich und allmächtig gewordene Ironie, ähnlich wie der Witz, die Gewalt des Auflösenden und Sprengenden besitzt«. Die Ironie steht in einem tiefen Bezug zum Nichts (dazu unten Seite 121 ff.)

Durch sein Entzweitsein mit sich selbst steht der interessante Mensch und Künstler im Bezug zur Schwermut und zur Verzweiflung. Denn das Interessante gründet eben in dem inter-esse, in dem sich-in-Schwebe-Halten zwischen den Möglichkeiten, für deren keine man sich entscheiden will. Schwermut ist gerade die Unfähigkeit, das Eine, was not tut, mit Entschiedenheit zu wollen. Die Schwermut verhindert den Menschen, zu sich selbst zu kommen: »Sie bewirkt, daß er dauernd in der Haltung des Emigranten lebt, des Auswanderers aus der Wirklichkeit ins Aesthetische.« »Jede aesthetische Lebenshaltung ist im Grunde Verzweiflung: jeder, der aesthetisch lebt, ist verzweifelt, gleichgültig ob er es weiß oder nicht; und solche Naturen haben eine unheimliche Macht, sich zu betrügen« (KIERKEGAARD). So glänzend die aesthetische Existenz ist, und selbst wo ein milderes Licht auf sie fällt, ist sie letzten Endes doch Verlorenheit.

Der protëische Künstler: Picasso

Die perfekte Verkörperung des von Kierkegaard so eindringlich beschriebenen aesthetischen Menschen und interessanten Künstlers in unserer Zeit ist Pablo Picasso.

Picasso verkörpert in seiner Kunst nicht nur ein non plus ultra des Geschmacks, sondern auch jenen dialektischen Umschlag des Reizvollen ins Pikante und Frappante und weiter in das Abenteuerliche, Chokante und Gräßliche, das Schlegel als die notwendige Folge aus den Prämissen dieses Typs aufgezeigt hat. Er ist zugleich die radikalste Verkörperung des ›Quodlibetarius‹, des ›peregrinus proteus‹. Ja, es gibt wahrscheinlich keinen Namen, der Picasso besser kennzeichnet als dieser, und keinen Künstler, der ihn mit mehr Recht tragen könnte als er. Der ›protëische‹, in alles sich verwandelnde Mensch – ›bald Gott, bald Sandkorn‹ – ist aber mit seiner Mitte-Losigkeit, Grenzenlosigkeit und Maßlosigkeit das moderne Zerrbild des ›universalen‹ Menschen. In allen diesen ebenso glänzenden wie unheilvollen Eigenschaften ist Picasso eine exemplarische Gestalt unserer Zeit und der ›modernen‹ Kunst. Wie unzulänglich erscheint im Lichte von Kierkegaards Erkenntnissen jene Beurteilung Picassos in der modernistischen Kunstkritik, die nicht viel mehr zu sagen weiß, als immer wieder nur, daß er der Kunst ›neue Reize‹ erschlossen habe, womit sie ihn auf das Niveau eines Schöpfers von Damenmoden degradiert. Picasso ist unvergleichlich mehr[1]. Er ist *die* Schlüsselgestalt des zu Ende gelebten Aesthetizismus, der in ihm sein eigentlichstes Wesen enthüllt hat.

[1] Vgl. zu diesem ganzen Abschnitt WALTER REHM: *Kierkegaard und der Verführer* (1949), ferner: *Roquairol*. In: ›Orbis Litterarum‹, Tome VIII (1950), Fasc. 3–4, und ›Experimentum medietatis‹ (1947).

Zweite Bestimmung: Die Künste im Banne der Geometrie und der technischen Konstruktion

Im ersten und zweiten Jahrzehnt des 20. Jahrhunderts hat das Streben nach Reinheit ein absolutes Extrem erreicht. Die einzelnen Künste sind maximal ›pur‹ geworden, es gibt keine Elemente, die noch ausgestoßen werden könnten. Damit ist aber eine ganz neue Situation entstanden, ein weiterer ›Fortschritt‹ in der bis dahin erstaunlich konsequent eingehaltenen Richtung, ein Überbieten des Extrems ist nicht möglich. Das ist der Augenblick, in dem die impulslos gewordene ›reine‹ Kunst von der Anziehungskraft einer neuen Tendenz erfaßt wird. Sie gerät, inert geworden, sozusagen in das Schwerfeld der eben jetzt zur ersten Vollkommenheit gelangenden modernen Technik, die auf ›Totalität‹ aspiriert. In allen Künsten tritt die Tendenz auf, sich dieser neuen Großmacht, in der man fälschlich eine ›spirituelle‹ Macht sieht, zu konformieren und ›technoïd‹ zu werden. Den Übergang vermittelt die Vorbildlichkeit der ›Geometrie‹.

I Die Architektur im Banne der reinen Geometrie

Die Architektur wird der Geometrie gleichgestellt

Die moderne Baukunst hat schon im ersten Anlauf bei den französischen Revolutionsarchitekten am Ende des 18. Jahrhunderts das Ziel erreicht, rein von Beimengungen anderer Künste zu werden. Wäre diese ›reine‹, ganz nur tektonische Architektur ihr letztes Ziel gewesen, so hätte sie auf dieser Stufe stehenbleiben können. Aber schon damals, in ihren Anfängen, treten Gebilde auf, die aus diesem Streben nach reiner Tektonik auf keine Weise zu verstehen sind, und das charakteristischste und verräterischste darunter ist das Erscheinen von Entwürfen in Gestalt einer Kugel, wie Ledoux' Entwurf für ein Haus der Flurwächter (Abb. 7).

Es heißt sich den fruchtbarsten Einsichten entziehen, wenn man in diesem Entwurf nichts anderes sieht als ein willkürliches Spiel der Phantasie. Denn dieses Phantom beleuchtet blitzartig, daß sich für die Architektur eine der ungeheuersten Umwälzungen vollzogen hat, die es je gegeben hat. Denn wo dieser Gedanke auch nur als spielerischer Einfall möglich sein kann, muß vorher die Architektur mit der Geometrie gleichgesetzt worden sein.

Würfel, Pyramide, Zylinder, Kegel sind, allerdings in einem sehr vagen Sinn, ›Urformen‹ des Bauens. Die Kugel ist aber schlechthin unarchitektonische Form; sie leugnet den tektonischen Bezug zur Erdbasis.

Wo die architektonischen Grundformen mit den geometrischen Grundformen gleichgesetzt werden, kann man dann auch einen Zylinder auf die rollende Seite legen, einen Kegel auf die Spitze oder einen Würfel auf die Kante stellen. Solche Entwürfe sind in der zweiten Revolution bei den russischen Revolutionsarchitekten um 1920 tatsächlich aufgetreten.

Diese Tendenz äußert sich keineswegs nur in solchen praktisch bedeutungslosen, dafür aber um so verräterischeren Experimenten. Überall sucht man schwebende Flächen, hebt Häuser – ohne jeden triftigen Grund – auf dünne Piloten oder hängt sie gar an dünnen Trägern auf. Die Verwandlung der Wände in Glasflächen – oft nichts weniger als praktisch, sachlich und sinnvoll –, welche das Gesicht der modernen Städte so sehr bestimmt, ist nur *eine* Äußerung dieser Tendenz, die Möglichkeit, ganze Bauten auf den Kopf zu stellen oder auf die Seite zu legen, ohne daß der Unterschied kenntlich wäre, eine andere. Le Corbusiers Hochhaus für die Büros der UNO in New York könnte ebensogut auf den Kopf gestellt oder auf die Seite gelegt werden – wie eine Schachtel –, ohne daß seine aesthetische Struktur davon betroffen würde. Das ist aber das Ende der Architektur, und das haben die Neuerer auch sehr gut gewußt.

Die Bahnbrecher der beiden Revolutionen haben das Bekenntnis zur Geometrie ganz deutlich ausgesprochen. 1793 forderte Du Fourny: »L'architecture doit se régénérer par la géometrie.« Und bei Le Corbusier wird es heißen: »Le reveil brutal en nous, parceque foudroyant des joies intenses de la géometrie«, oder noch deutlicher: »In Freiheit neigt sich der Mensch zur *reinen* Geometrie.« Mit der Geometrie wird auch ihr ›schwebender Geist‹, die Freiheit von der Erde bejaht. Der Sowjetarchitekt und Schriftsteller El Lissitzky forderte: »Die Überwindung des Fundaments, der Erdgebundenheit, geht noch weiter und verlangt die Überwindung der Schwerkraft an sich, verlangt die schwebenden Körper, die physisch dynamische Architektur.«[1] Das ist keineswegs aus der Vorbildlichkeit der neuen Flugmaschinen zu verstehen, sondern ergibt sich ›von selbst‹, sobald die Architektur mit der Geometrie gleichgesetzt wird.

II Die Architektur im Banne der technischen Konstruktion

Es ist leicht verständlich, daß das Streben nach ›Reinheit‹ in der ›reinen Geometrie‹ seine Erfüllung sucht, dabei verkennend, daß die Reinheit des Geometrischen keine *künstlerische* Reinheit ist. Durch dieses qui pro quo wird aber das geometrische Bauen zum Schrittmacher für das technisch konstruktive Bauen, das aus einem verwandten Geist entspringt.

Die Baukunst des 20. Jahrhunderts hat Werkstoffe zur Herrschaft gebracht, die bis dahin im Bauen keine oder nur eine ganz untergeordnete Rolle gespielt hatten: Eisen und Glas. Sie hat sogar einen ganz neuen Werkstoff und neue Werkstoffverbindungen erfunden, die im technologischen Sinn epochemachend für das ›neue bauen‹ geworden sind: Beton und Eisenbeton (armierter Beton). Ihnen allen gemeinsam ist das Amorphe ihrer Struktur; diese Werkstoffe werden gegossen (Gußglas, Gußeisen und Gußstahl, Gußbeton).

---

[1] Zitiert nach dem Sammelband *Neues Bauen in der Welt: Rußland*, Wien 1930.

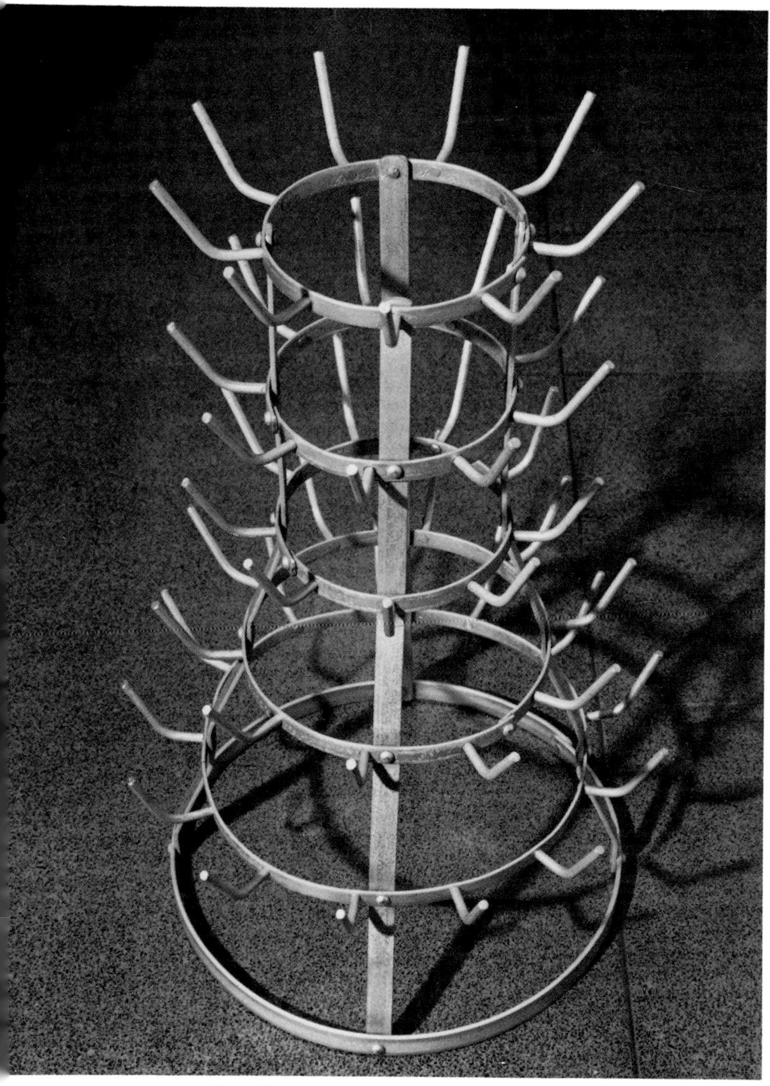

1 Marcel Duchamp: *Porte-Bouteilles,* 1914. Ready-made

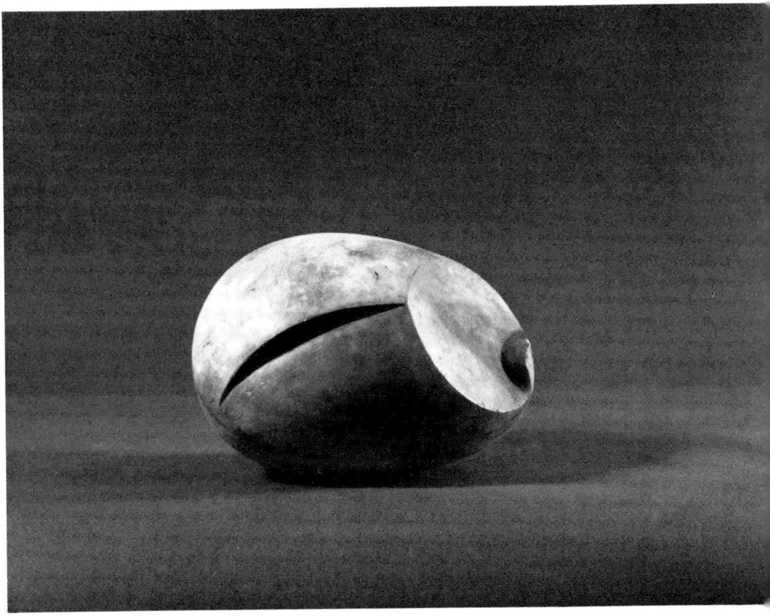

2 Constantin Brancusi: *Le nouveau-né, 1915. Bronze*

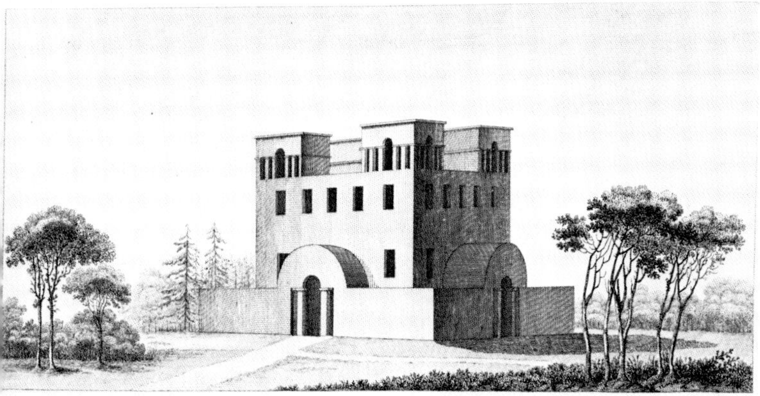

3 Claude-Nicolas Ledoux: *Haus des Schriftstellers*, um 1775–80

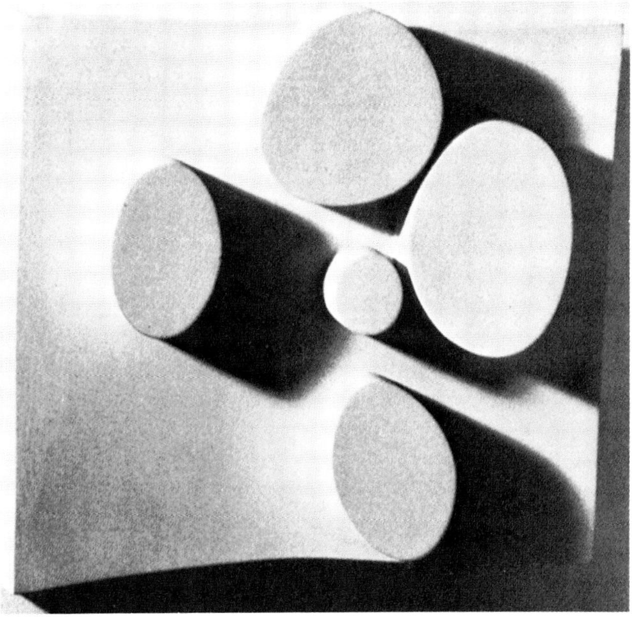

4 Hans Arp: *Gegenstände nach den Gesetzen des Zufalls geordnet IV*, 1931. Holz, bemalt

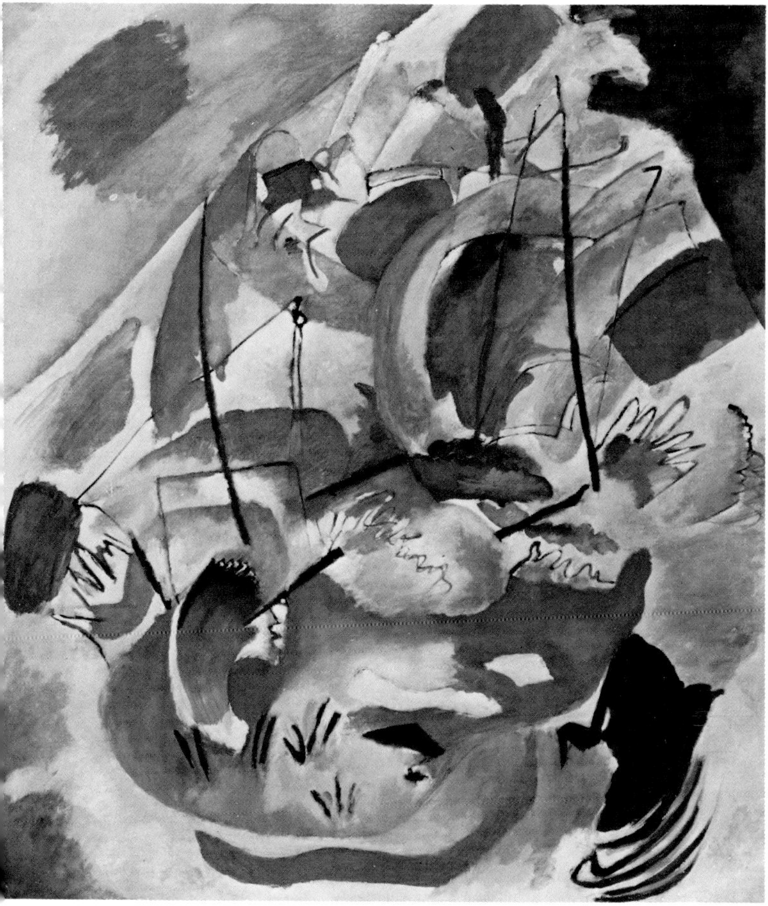

5 Wassily Kandinsky: *Improvisation 31 (Seeschlacht)*, 1913. Öl auf Leinwand

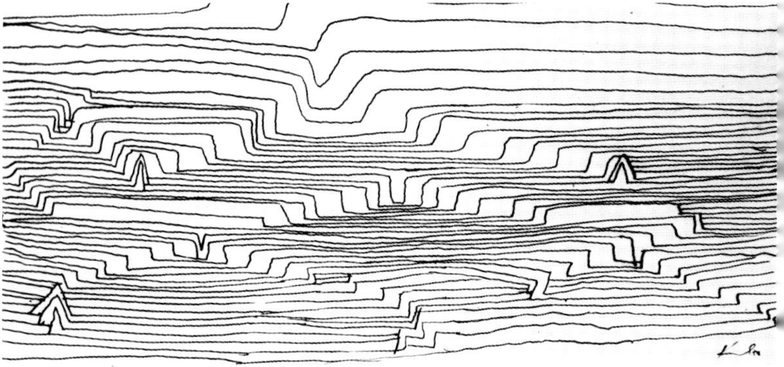

6 Paul Klee: *Kult-Stätte*, 1934. Zeichnung

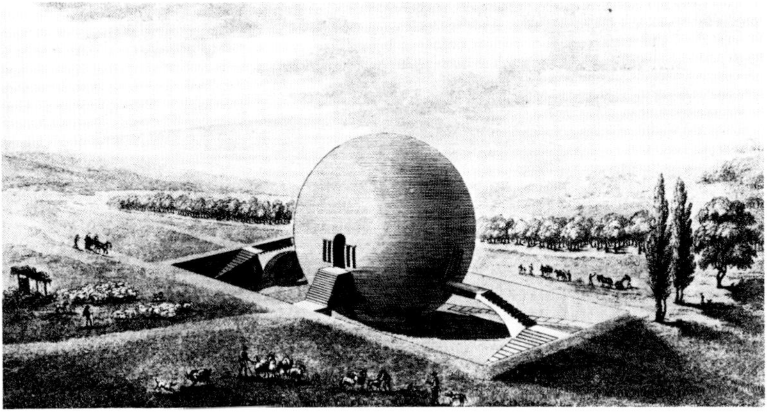

7 Claude-Nicolas Ledoux: *Haus der Flurwächter*, um 1775–80

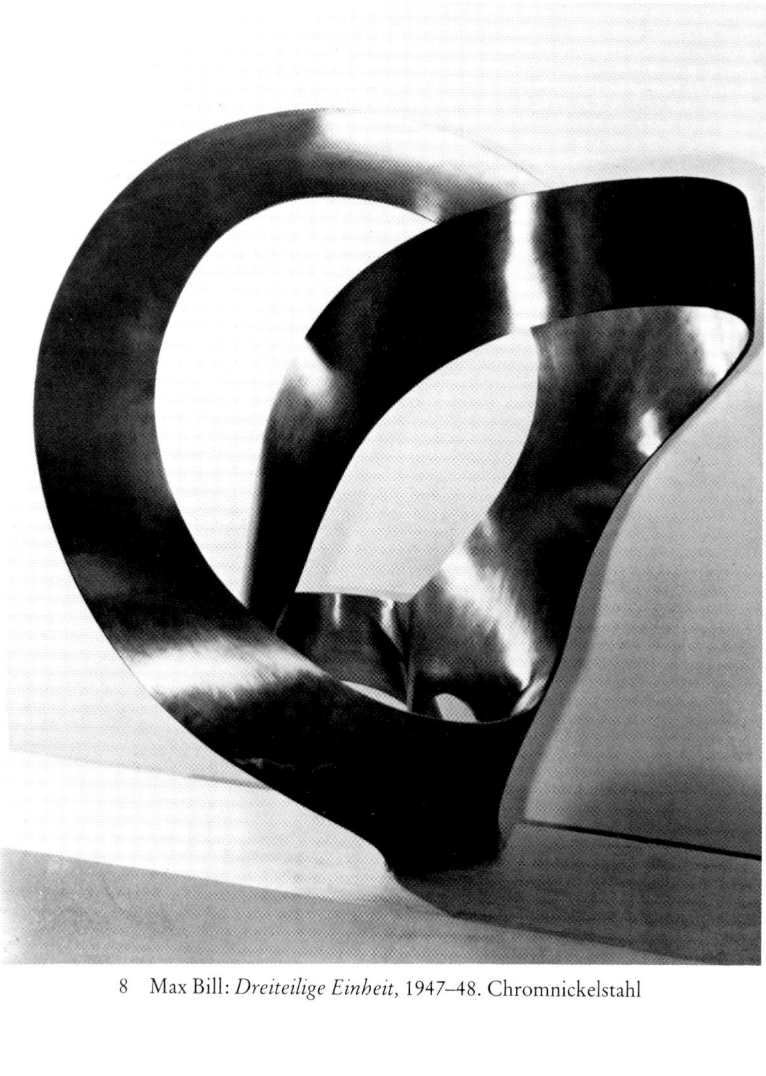

8 Max Bill: *Dreiteilige Einheit*, 1947–48. Chromnickelstahl

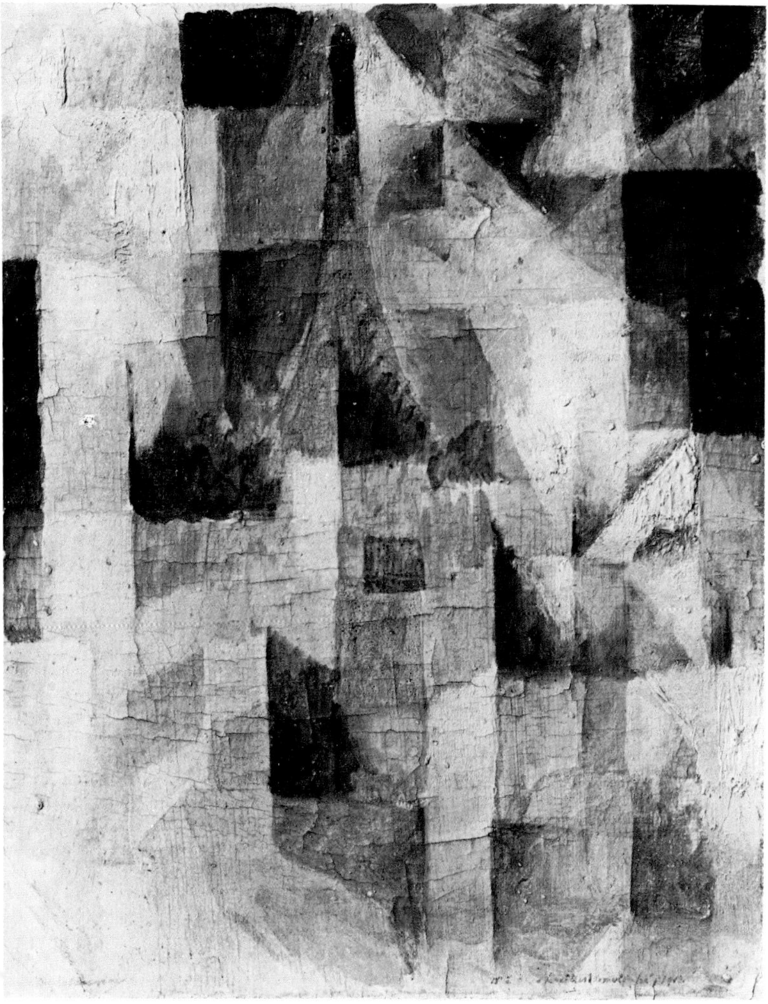

9 Robert Delaunay: *Les fenêtres simultanées*, 1912. Öl auf Leinwand

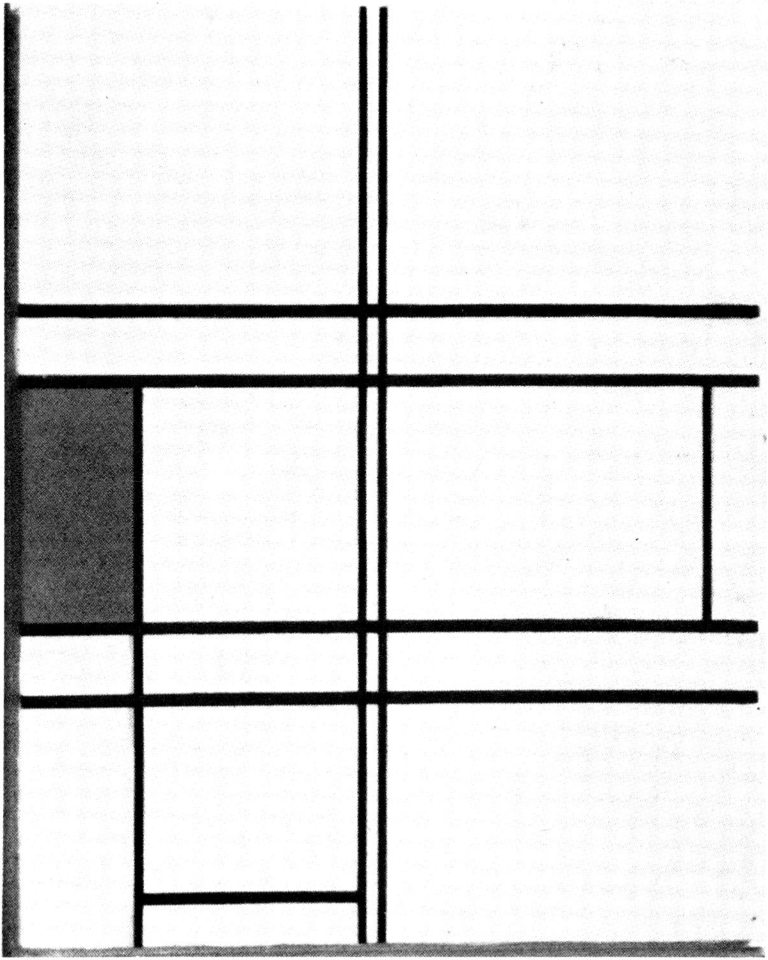

10 Piet Mondrian: *Komposition, 1935. Öl*

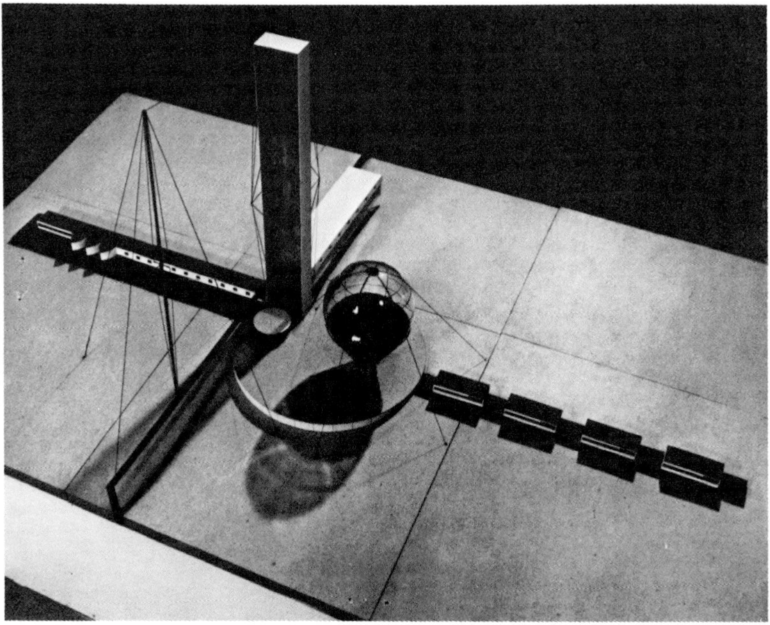

11 Iwan Leonidow: *Modell für das Lenin-Institut*, 1927

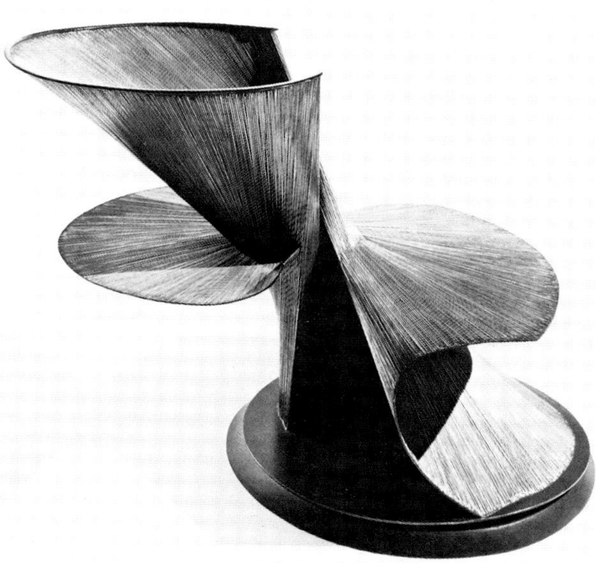

12 Antoine Pevsner: *Entfaltbare Säule*, 1942. Messing, oxydierte Bronze

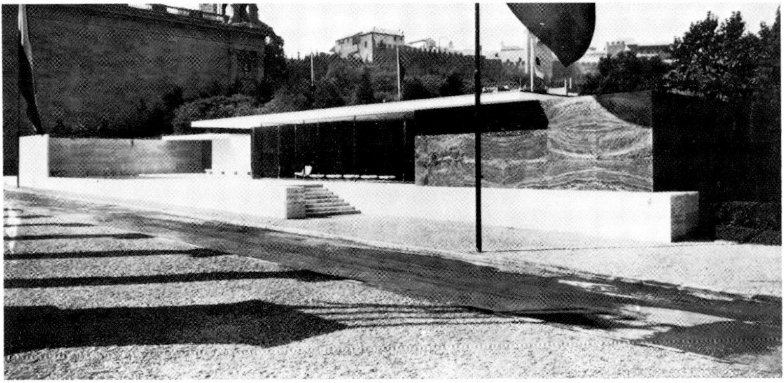

13 Ludwig Mies van der Rohe: *Deutscher Ausstellungspavillon in Barcelona*, 1929

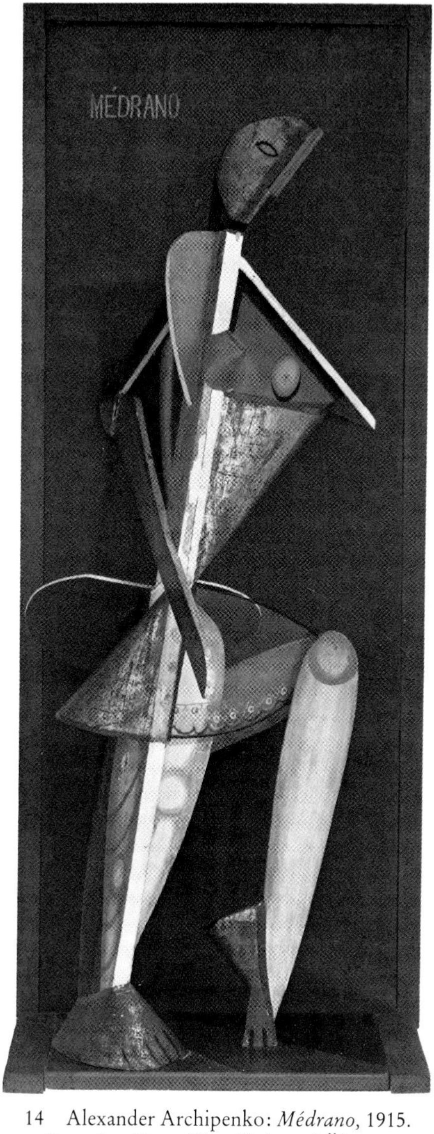

14 Alexander Archipenko: *Médrano*, 1915. Bemaltes Zinn, Glas, Holz und Ölzeug

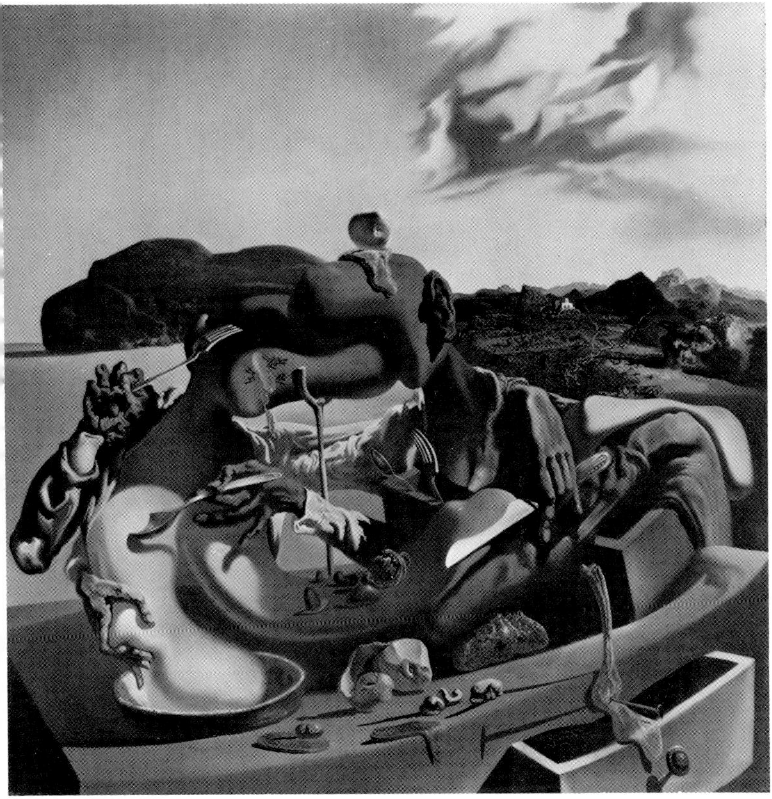

15 Salvador Dali: *Herbstlicher Kannibalismus*, 1936

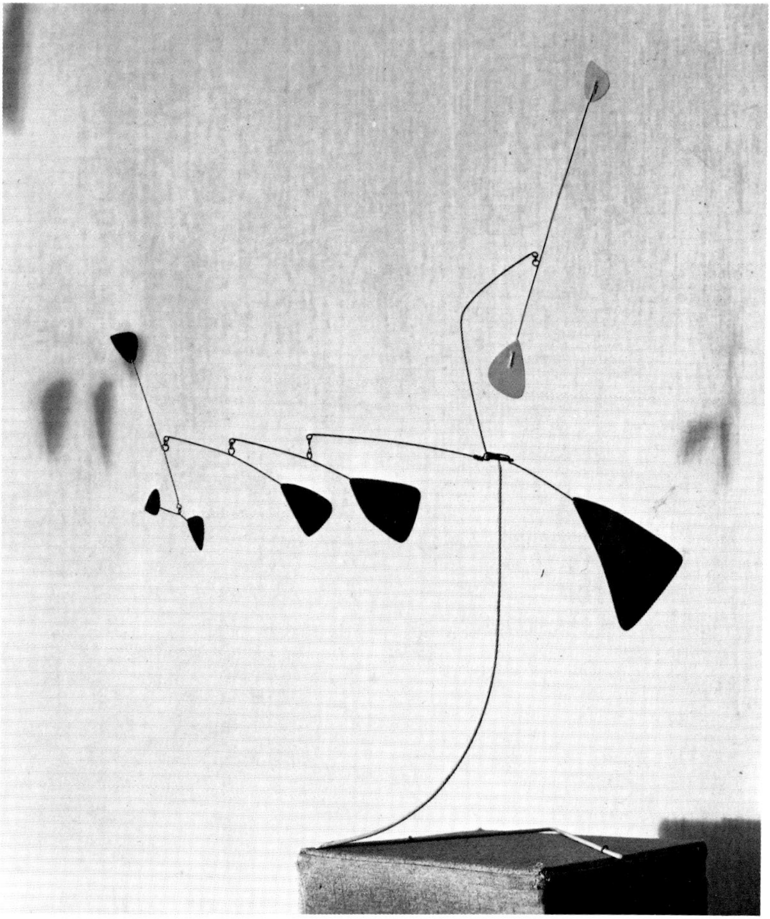

16 Alexander Calder: *Blaurote Horizontalen, gelbe Vertikalen,* um 1954. Mobile

Schon im Hinblick auf sie bedeutet das moderne Bauen eine Epoche, die in der Weltgeschichte des Bauens einzigartig ist. So wichtig dieser revolutionäre Wechsel der Baustoffe auch ist, so läßt sich allein aus ihnen das Wesen des modernen technischen Bauens nicht ableiten. Künstlerische Phänomene sind niemals durch Werkstoffe zu determinieren.

Das Schlagwort vom ›Beton als Gestalter‹ ist trügerisch: er gibt dem Architekten nur neue Mittel an die Hand, nimmt ihm aber die künstlerische Entscheidung nicht ab: »der menschlichen Verantwortung ist auf keine Weise auszuweichen« (PETER MEYER).

Die neuen Werkstoffe machen neue Konstruktionsverfahren möglich. Nur zwei davon sind hervorzuheben[1].

Das eine errichtet das Skelett der Bauten als ein Rahmenwerk vertikaler und horizontaler Elemente aus Eisenbeton; die Öffnungen dazwischen werden je nach Bedarf durch Füllwände aus anderem Material geschlossen, vor allem durch Glas. Beim Aufbau der zerstörten Städte Europas kann man dieses Verfahren heute überall und in allen Stadien sehen. Ein sehr frühes reines Beispiel war Auguste Perrets Garage in der rue Ponthieu in Paris (1905). Dieses Verfahren zeigt, worauf ALWIN SEIFERT mit Recht hingewiesen hat, Ähnlichkeit mit dem Rahmenbau aus Stein und Glas, den die niederländische und englische Baukunst des 16. Jahrhunderts schon hoch entwickelt hatte.

Origineller ist die zweite Konstruktionsweise, sie hat den Eisenbeton *zur Bedingung*. Er ist das erste und einzige Konstruktionsmaterial, das zugleich Druck-, Zug- und Verwindungskräften standhält. Das aber gibt erst die Möglichkeit, große Spannweiten mit horizontalen, gleichsam monolithen Plafonds zu überdecken. Auf dieser Möglichkeit beruht jene moderne Bauzelle, die ich ›Perron‹ zu nennen vorgeschlagen habe, weil sie uns in reiner Form von jenen offenen Hallen der Tankstellen und Bahnhöfe vertraut ist, bei denen ein horizontales dünnes Flachdach aus Eisenbeton von einzelnen

---

1 Ein drittes Verfahren, das aus Eisenbetonscheiben Schalen und Faltwerke bildet (Halle von Orly), kann ich hier nicht berücksichtigen (Hinweis von Dr. Ing. Rudolf Wolters).

dünnen nach innen gestellten Trägern getragen wird wie ein flacher Schirm. Diese Baugestalt wäre in anderem Material unausführbar. Aus diesem Element lassen sich nicht nur Flachbauten, sondern auch Hochbauten jeder Art und Größe konstruieren: Häuser, Wolkenkratzer. Zu ihm gehört das so erst möglich gewordene ›Streifenfenster‹ (die Fensterserie), das keinen Bezug zur menschlichen Gestalt mehr hat. Schon 1904 war die Idee des Perrons in Entwürfen Tony Garniers in klassischer Form erschienen.

An dieser Form prägt sich wiederum die Suche nach letzten Elementen aus: an Stelle der herkömmlichen Mauer, die zwei Aufgaben – Abschließen und Tragen – zugleich erfüllt, tritt die Zerlegung in Elemente, die nur tragen, und solche, die nur abschließen. Wie der Rahmenbau unterscheidet auch der Perronbau zwischen tragenden und abschließenden Elementen, nur daß in ihm Träger und Dach eine homogene Einheit bilden.

Es ist also im Grunde das Streben nach ›reinen‹ konstruktiven Elementen, und nicht der Werkstoff allein, das dieses Vorhaben bestimmt.

Die Maschine bestimmt das architektonische Gestalten

Entscheidend für das ›neue bauen‹ wird das Vorbild der technischen Konstruktion.

Vorbild sind einmal die *Produkte* der Technik: »Die Maschine in ihrer gewaltigen Mechanik wurde jetzt sogar Symbol und Vorbild.« Zwischen dem Bauen von Schiffen, Flugzeugen, Fahrzeugen usw. und dem Bauen von Gebäuden aller Art wird kein grundsätzlicher Unterschied mehr anerkannt. Aus diesen Gebilden übernimmt das ›neue bauen‹ Formen und Motive. Im festen Haus wird alles Beweglich-Maschinelle betont: die kleinen Hausbahnen der Fahrstühle und Elevatoren, die laboratoriumsartigen Vorrichtungen der Küche und Badezimmer. Die Wände werden verschiebbar – sogar die Außenwand –, Türen und Fenster maschinell bedient. »Mechanization takes command« (GIEDION). Das Material der Maschinen: Stahl, Nickel, Chrom, Gurte, wird mit einem gewissen Pathos auf Gegenstände übertragen, die bis dahin immer aus Stein oder Holz waren. Häuser ganz aus Metall werden propagiert. Im Extremfall erhalten ganze Gebäude eine Gestalt, die sie wie riesige Maschinen erscheinen läßt. Leonidows Entwurf für ein Denkmal Lenins mit einem kugelförmigen, in die Luft gehobenen Auditorium, das ein auf die Spitze gestellter Kegel aus Metallträgern schwebend erscheinen läßt (Abb. 11), könnte man, wenn man seine Bestimmung nicht kennte, nur für eine neuartige Sendeanlage, ein Atomkraftwerk oder etwas Ähnliches halten, und Tatlins Entwurf für ein Denkmal der Dritten Internationale sieht aus wie das Gerüst einer ›Scenic railway‹, in deren Innerem Glasgehäuse gegeneinander rotieren.

Diese Tendenz ist den Schöpfern der Gebilde durchaus bewußt. Sie kristallisiert sich in Wortbildungen wie ›Kraftwerk‹ (für ein Clubgebäude), ›Wohnmaschine‹ (für das Haus) und ›Sitzmaschine‹ (für den Stuhl) und findet ihren prägnanten Ausdruck in den Proklamationen eines Le Corbusier: »Die Maschine, modernes Phänomen, bewirkt in der Welt eine Reformation des Geistes. Man muß bedenken, daß wir die erste Generation seit Jahrhunderten sind, die die Maschine sieht. Die Maschine läßt vor uns Scheiben, Kugeln, Zylinder aus poliertem Stahl leuchten, aus Stahl, geschnitten mit einer Präzision..., die die Natur uns niemals gezeigt hat (!). *Die Maschine ist ganz Geometrie.* Die Geometrie ist unsere große Schöpfung, und sie entzückt uns. Der Mensch (der Maschinen schafft) *handelt wie ein Gott, in der Vollendung.*«[1]

Vorbild ist in tieferem Sinn der *Geist* des technischen Konstruierens. Darauf beruht der sogenannte ›Funktionalismus‹. »Gebäude und Gerät sollen mit der gleichen unbedingten Direktheit auf ihre ganz bestimmten Zwecke bezogen werden, *wie ein Maschinenteil auf seine spezielle Funktion,* unter Vermeidung aller nicht unbedingt nötigen Zusätze.« »Die Formen der Gebäude, Möbel und Geräte sollen sich sozusagen *automatisch* ergeben aus der richtigen Erkenntnis aller beteiligten Material- und Zweckfaktoren, ohne Hinzutreten einer aesthetischen Entscheidung, so wie das Resultat auf der Rechenmaschine sich aus der Einstellung der Tasten automatisch ergibt. Man forderte *offene,* formal und farbig akzentlose

---

[1] Hans Sedlmayr: *Verlust der Mitte,* 1948, S. 53–55 und Abb. 29.

Gegenstände, Räume und Bauten, die erst durch den Gebrauch und im Gebrauch Sinn bekommen und nicht schon für sich allein fertige Kunstwerke sind.«[1]

»Selbstverständlich hat der Funktionalismus ausschließlich materielle Zwecke im Auge – subjektiv gefühlsmäßige oder gar traditionell-kulturelle Anforderungen, die sich nicht auf einfache Formeln bringen lassen, galten als romantische Sentimentalitäten und somit als nicht existenzberechtigt.« Der Funktionalismus »führt zu einer genauen Analyse der materiellen Wohnbedürfnisse, Verkehrsfragen usw., kurz alles dessen, was sich auf Kosten und Materialkonstanten umrechnen und in Tabellen darstellen läßt«. Die Beziehung des Gebäudes auf das ganz-Menschliche ist aufgegeben.

Die Aufgabe, die diesem Geist am meisten entgegenkommt, ist das ›Haus der Maschine‹. An Garagen, Fabriken, Bahnhöfen, Bürohäusern, Flugzeughallen prägt er sich am reinsten aus. Schon 1889 hatte Octave Mirbeau prophezeit: »Nicht in den Ateliers der Bildhauer und Maler bereitet sich die Erneuerung vor, sondern in den Fabriken.« Es vollzieht sich eine Angleichung anderer höherer Aufgaben an die niederste, das Haus der Maschine. Geleitet von einer neuen Begeisterung für Geometrie, Maschine und technisches Konstruieren, von einem Fanatismus der ›Exaktheit‹ und ›Purheit‹ läßt der Mensch dieses Glaubens den Charakter der gesamten Baukunst durch das Haus seines Idols, der Maschine, bestimmen.

Dabei ist diese Angleichung nur in seltenen Fällen sachlich motiviert, meistens ist sie nur der Ausdruck einer Romantisierung der Maschinensphäre. »Der quasi-religiöse Charakter des Materialismus kommt darin zum Ausdruck, daß seine Erscheinungsformen … moralisch beurteilt wurden: die Ornamentierung wird als *Lüge* und *Maskerade*, die technische Form als *wahr* und *ehrlich* angesprochen.«[2]

---

1 Peter Meyer: *Europäische Kunstgeschichte*, Bd. II, S. 326.

2 Peter Meyer: a. a. O., S. 324.

Es ist PETER MEYER zu verdanken, daß er gezeigt hat, wie in dieser scheinbar ›stählernen‹ Rationalität sozusagen durch die Hintertüre ein absolut irrationales Element wieder hereinkommt. »Technische Formen höherer Ordnung sind aesthetisch undurchsichtig. Nur der Fachmann versteht auf Grund seines Studiums den Zusammenhang zwischen Form und Funktion – für den Laien ist er undurchschaubar. Für ihn sind die Formen der Maschine irrational. Der Gebrauch von Mitteln, deren Funktionieren man nicht durchschaut, sondern glaubt, ist Zauberei. Die Verantwortung wird auf den Fachmann abgewälzt, er ist der Eingeweihte, der Schamane – der ›Führer‹. Das Persönlichkeitsbewußtsein des Laien dankt vor den technischen Formen ab, man nimmt sie als Wunder hin... und eben dieses Passivwerden gegenüber einer anonymen und autoritären Umgebung bedeutet Vermassung. Damit ist die technische Welt auf dem Wege, ins quasi Religiöse hinüberzugleiten – eben ins ›Magische‹.

Das drückt sich aus in einem ausgesprochenen Vergnügen am Technisch-Geheimnisvollen – einem ›Ersatz‹ für das Kreatürlich-Geheimnisvolle. Die Freude an scheinbar schwebenden und gleitenden Formen gehört dazu. Ein Beispiel: In der modernen Konstruktionsweise des Perronbaus treten Konstruktionselemente auf, die nach ihrer Gestalt wie nach ihrer Funktion einigermaßen an Säulen erinnern. Aber diese Pseudosäulen haben weder Basis noch Kapitell; man könnte sie auf den Kopf stellen, ohne daß es bemerkt würde. Sie sehen nicht anders aus als das abgeschnittene Stück einer Eisenröhre. Diese zylindrischen Träger »ohne Kopf und Fußglied scheinen gleitend in der Decke zu verschwinden; da ihre Befestigung in der Decke aesthetisch nicht klargelegt und ihre Höhe aesthetisch nicht fixiert ist, scheint die Decke zu *schweben*«[1]. »Aber selbst noch das Minimum an Materie, das die Stützen enthalten, wird aesthetisch verleugnet, indem man etwa die Stützen spiegelnd verchromt.«

»Hier ist der Eindruck des Zauberhaften, Irrationalen ohne technische Notwendigkeit... aus aesthetischer Freude am Technisch-

---

[1] PETER MEYER: *Europäische Kunstgeschichte*, Bd. II, S. 333.

Modernen gesucht.« Dieser Tendenz zum Schweben, zur Bodenlosigkeit sind wir schon in allen Künsten begegnet, in besonderer Prägnanz in der basislosen ›atonalen‹ Musik.

Der letzte Grund dieser Phänomene liegt darin, daß der geometrische Geist, aus dem das technische Konstruieren entspringt, im tiefsten Sinne selbst etwas Freischwebendes, Bodenloses ist. Es ist der Geist, »der den Leib der Erde überfliegt und alles aus Begriffen *machen* will, worin er zuerst alles zerschneidet« (ARNDT).

Der Konstrukteur als Lebensreformer

Der Architekt, der sich in den Konstrukteur verwandelt hat, will mehr sein als nur Konstrukteur von Bauten. Er wird zum utopischen Lebensreformer – und auch das hatte sich schon in der ersten Revolution angekündigt, als Ledoux die ideale Industriestadt Chaux entwarf, mit dem Hause des ›Direktors‹ im Mittelpunkt. Sein letztes Ziel ist, die ›neue Stadt‹, die Stadt der technischen Welt zu bauen, zu bauen als ein ins Irdische verwandeltes himmlisches Jerusalem: »Metropolis, die Gegen-Natur, in der die Tyrannei der Natur (!) durch eine allein vom Menschen gestaltete Harmonie überwunden wurde.«[1]

III Die Plastik im Banne der technischen Konstruktion

Auf der ersten Stufe war die Plastik in ihrem Streben nach ›Reinheit‹ zur Gestaltung abstrakter plastischer Volumina gekommen, die nichts darstellen als sich selbst und keine Bedeutung tragen. Nun gerät auch sie in den Bann des technischen Konstruierens und wendet sich dem Vorbild der Maschine zu.

Das aber ist für die Plastik viel sonderbarer als für das ›neue bauen‹, das sachlich-materielle Motive wenigstens vorschützen

[1] WERNER HAFTMANN: *Malerei im 20. Jahrhundert*, S. 273.

konnte. Hieran zeigt sich die Anziehungskraft des Schwerfeldes der technischen Konstruktion.

Nun treten Gebilde auf, die vom Plastischen der alten Plastik nichts mehr an sich haben. Sie nähern sich im Aussehen mehr oder weniger dem Kristallmodell oder den kurvenreichen Demonstrationskörpern mathematischer Gleichungen höheren Grades oder geradezu auch zwecklosen Maschinen. Aus Metalldrähten bilden sich im Raum dreidimensionale Graphiken von ausgesprochen technoïdem Charakter.

Sie geben die geschlossenen Flächen auf zugunsten offener, gleichsam aufgeschnittener Flächen, Flächendurchdringungen und Bündelungen (Abb. 12). Und sie nehmen wie Maschinen das Element einer realen Beweglichkeit ihrer Teile in sich auf, so die ›Mobiles‹ eines Calder und seiner Vorläufer (Boccioni, Duchamp, Tatlin) und Nachahmer.

Die Plastik als aesthetischer Apparat

Diese Artefakte wollen gar nicht mehr Kunst im alten Sinn sein. Die Mobiles eines Calder wollen nichts anderes sein als ein elegantes, witziges oder auch anmutiges Intellektspiel mit schwebenden Flächen, Linien und Bewegungen (Abb. 16). Sie wenden sich nicht an den ganzen Menschen, sondern sind Apparate zur Befriedigung rein aesthetisch-intellektueller Bedürfnisse, als solche oft nicht ohne hohen Reiz. Sie passen – wie man oft bemerken kann – sehr gut in jene ›absoluten‹ Baukonstruktionen, in denen der spielerisch-aesthetische Charakter den sachlich-technischen überwiegt, also gewiß nicht in den Raum einer modernen Fabrik, deren Sachlichkeit ihnen keinen ›Spielraum‹ ließe, sondern in jene modernistischen Luxusvillen, die immer etwas vom Ausstellungspavillon an sich behalten. Und so ist es auch nicht im mindesten verwunderlich, daß die Mobiles Calders – wie die seiner weniger begabten raschen Nachahmer – sogleich in die Schaufenster eleganter moderner Geschäfte eingezogen sind und sich dort durchaus in einer ihnen gemäßen Sphäre befinden. Sie sind technoïdes Kunstgewerbe. In ihnen hat – und das ist ein nicht unbedeutender Entschluß – wenigstens ein Zweig des aesthetizistisch-technischen Konstruierens jeden metaphysischen Anspruch, den analoge Produkte der modernen Malerei so oft und grundlos erheben, freiwillig abgelegt.

IV Die Malerei im Banne der Konstruktion

Schon der Kubismus, auch der noch gegenständliche und Bedeutungen tragende, war wesentlich durch den geometrischen Geist bestimmt. Das auszuführen ist heute nicht mehr notwendig.

In den zwanziger Jahren geht dann die Angleichung an die geometrische und technisch-konstruktive Sphäre noch viel weiter. Man stellt die Bildkomposition auf die geometrischen Elementarformen ab. Daß Piet Mondrian auf der Suche nach den ›reinen‹ Elementen der *Malerei* zu dem geometrischen Element rechtwinklig sich kreuzender Linien geführt wurde (siehe oben Seite 42f.; Abb. 10), zeigt, mit welcher Macht der geometrische Geist ein sachfremdes Gebiet ergreift. »Dahinter steht eine neue Figur des Künstlers, der sich dem theoretischen Mathematiker nahefühlt und aus Zahlenverhältnissen und geometrischen Grundmustern (!) die formale Ordnung herstellt, in der sich Harmonie gestaltet. Diese streng fabrizierten (!), geometrisierenden Bilder ... haben etwas von einer Ikone unseres, die durchsichtigen Zahlenfiligrane kontemplierenden intelligenten Geistes.«[1] Aber das technische Konstruieren wird auch noch in einem viel direkteren Sinn vorbildlich. Es gibt von Léger, um nur ein Beispiel zu nennen, ›Gemälde‹, »die den Reiz technischer Blaupausen haben, ohne daß die weißen Linien und Kreise wirklich einen technischen Sachverhalt darstellen würden. Auch hier wird also der bloße Augenkitzel von seinen ursprünglichen Grundlagen abgelöst«.[2] Das ›Gemälde‹ wird zum Auslöser aesthetischer ›Empfindungen‹ mit den Mitteln technischer Graphik.

---

1 Werner Haftmann: *Malerei im 20. Jahrhundert*, S. 457.

2 Peter Meyer: *Europäische Kunstgeschichte*, Bd. II, S. 341.

›Konstruktion‹ und ›Montage‹

Nun nennt sich nicht nur eine ganze Richtung der modernen Malerei ›Konstruktivismus‹, sondern das Wetteifern mit dem Geist der technischen Konstruktion wirkt weithin in vielen anderen Richtungen der modernen Malerei. Sehr oft tragen Bilder dieser Art Titel wie ›Konstruktion‹ und ähnliche, in dem Wort selbst liegt schon eine Art magischer Faszination. Ein Bild zu ›konstruieren‹ wird für viele Maler zum höchsten Ziel; das Atelier wird zum Laboratorium, und malen heißt jetzt experimentieren und fabrizieren.

Aus der gleichen Sphäre entspringt das Wort ›Montage‹, wie die Sache, die es bedeutet. Vorgegebene ›Stücke‹ zu montieren – richtiger meistens: zu arrangieren – wird zu einem Verfahren, das an sich schon als ›neuer Reiz‹ empfunden wird.

Nicht nur Formen werden der technischen Sphäre entnommen und, losgelöst von allen Beziehungen zu außeraesthetischen Lebensbereichen, zu Trägern ›rein‹ aesthetischer Reize gemacht, sondern weite Gebiete der modernen Malerei schalten ihren Geist freiwillig gleich dem Geist der technischen Welt, welcher weit unter dem Schöpfertum der Kunst steht.

Wie die Mobiles Calders in Wahlverwandtschaft zu der Sphäre des modernen Kunstgewerbes stehen, so stehen die Artefakte moderner Malerei auf dieser Stufe oft in Bezug zur Sphäre des modernen Plakats, in der ihre typischen Mittel und Floskeln sehr bald heimisch geworden sind und in der sie nicht selten gemäßer wirken als an irgendeinem anderen Ort.

Mit Piet Mondrian hat die Malerei eine Wendung ins Geometrische und Konstruktive genommen, die ihr Einfluß auf die neue Baukunst gibt. Ein großer Teil des neuen Bauens entsteht nun in dem Kontakt zwischen dem sachlichen Bezirk des technischen Konstruierens und des Funktionalismus auf der einen, dem aesthetischen Bezirk des malenden Spiels mit geometrischen und pseudotechnischen Elementen auf der anderen Seite, und diese Verbindung bestimmt ihren eigentümlichen Charakter.

V Der Geist der Geometrie und der Konstruktion in anderen Künsten

Wie sehr auch das Bühnenbild in den zwanziger Jahren von der gleichen Tendenz ergriffen worden ist wie die Plastik und die Malerei, ist bekannt[1], und der Hinweis auf das triadische Ballett Oskar Schlemmers, das den Leib der Tänzer in geometrischen Attrappen verbarg, oder auf das ›Maschinentheater‹ eines Meyerhold genügt. Man träumt davon, daß unnaturalistische Marionetten und Automaten die Rolle des Menschen auf der Bühne übernehmen und daß ihre Bewegungen wie die der Maschinen den Kanon einer neuen Choreographie begründen könnten.

Auch die ›absolute‹ Musik der Zwölftonstufe geht über in Musik der Geräusche, in die elektronische Musik und in technoïde Musik-Montagen.

In einer organisierten ›Musik der Geräusche‹ erblickte der Futurist Russolo schon 1913 die logische Fortsetzung der traditionellen Musik, deren Dissonanzen nach seiner Ansicht geradewegs auf die Geräusche hinführen. Der Dadaist Hülsenbeck aber enthüllte in seiner ›Geschichte des Dadaismus‹ 1920 das wahre Wesen dieser mechanischen Musik. Er ordnet diese unmittelbar der Zerstörung des Humanitätsideals zu, die sich in der realen Welt im Kriege manifestierte (siehe dazu unten Seite 105 und Seite 110f.). »Musik ist so oder so eine harmonische Angelegenheit, eine Kunst, eine Tätigkeit der Vernunft – Bruitismus« (le bruit = das Geräusch) »ist das Leben selbst, das man nicht beurteilen kann wie ein Buch, das vielmehr einen Teil unserer Persönlichkeit darstellt, uns angreift, verfolgt und zerfetzt.«[2]

Die weiteren Folgen sind bekannt: In der technoïden Musik wird das Prinzip ad absurdum geführt.

---

1 Reiches Material dazu enthält die Münchner Dissertation (1955) von W. H. Romstöck: *Das antinaturalistische Bühnenbild von 1890 bis 1930.*

2 Otto-Erich Schilling: *Noch – ›moderne Musik‹? oder der Kultus der Konsequenz.* In: ›Wort und Wahrheit‹, 1954, S. 599ff.

Am erstaunlichsten erweist sich aber die Macht des neuen Idols der ›Konstruktion‹ daran, daß es auch auf die Dichtung zu wirken vermag.

Seit dem Anfang des 20. Jahrhunderts spukt in der Dichtung der Gedanke, die Idee des Schöpferischen durch eine andere Idee und sogar das Wort durch ein anderes Wort zu ersetzen.[1] Ein erster Kandidat auf diese Nachfolge war das Wort ›Kom-Position‹, dessen eigentlichen Wortsinn man nicht mehr wahr-nimmt. Goethe hat das Wort gehaßt, während Valéry findet: »Die poetischste der Ideen: die Idee der Komposition.« Komponieren ist aber nicht schaffen. Dieses immerhin zweideutige Wort wird bald durch ein eindeutiges ersetzt, das der ›Konstruktion‹. So rühmt Sartre in einem Buch über Baudelaire die »große Freiheit des Konstrukteurs«.[2] Gewiß: Schöpfung und Konstruktion (oder Komposition) müssen sich nicht ausschließen. Sie haben sich seit der Neusteinzeit dauernd verbunden und sollten es immer tun. Aber nun kann man gerade den Willen feststellen, sie zu trennen, den Willen, *aus der Konstruktion eine Über-Schöpfung zu machen,* im Vergleich zu der das alte Schöpfertum des Künstlers als eine Art schüchternes und unvollkommenes Handwerk erscheint.

Die Schöpfung nimmt alle Kräfte des Geistes und des Leibes in Anspruch, sie bezieht die ganze geheimnisvolle innere und äußere Welt des Menschen ein, sie ist frei und gebunden zugleich, sie vernimmt und gehorcht, sie hat ihren Dienst und in ihm ihre menschliche Größe. Der Konstrukteur verweigert vor allem den Dienst; er möchte Schöpfer bleiben, aber *ganz frei,* von nichts abhängig als von seinem Ich, ja von dem, was er von seinem Ich *kennt.* Er befreit sich dabei gerade davon, worin seine Freiheit bestand, und opfert sie doch Zielen, die nicht mehr die seinen sind; er folgt Berechnungen, die dem Kunstwerk nur schaden können. Die Schöpfung hatte

---

[1] Ich folge auch hier WLADIMIR WEIDLÉ.

[2] J.-P. SARTRE: *Baudelaire.* Deutsche Ausgabe Hamburg 1953, Rowohlt Verlag.

nichts vor als zu vollbringen, und sie vollbrachte es. Die Konstruktion nimmt sich vor, aus dem Nichts zu schaffen, und scheitert daran. Der Konstruktion fehlt die Beziehung auf den ganzen Menschen und die Einheit der Natur. Nun wird entweder die Natur selbst für eine Art Fabrik gehalten oder für unvollkommen gegenüber den Schöpfungen der Konstrukteure (siehe oben Seite 91).

In der Konstruktion zählt nur der erste *Moment:* der Plan, der sich in einem ›objektiven‹ Kalkül aus einem einfachen rationalen Ansatz entwickeln läßt; die Ausführung folgt dann streng diesem Plan, wie die Übertragung einer mathematischen Gleichung auf ein Darstellungsmodell. So hat Edgar Allan Poe in seiner ›Philosophy of composition‹ die Entstehung seines Gedichts ›The raven‹ explizieren wollen, Poe, den Valéry – zustimmend! – einen ›ingénieur littéraire‹ genannt hat. Diese Idee wird nun zum Ideal des dichterischen Konstrukteurs, der sein Werk nur seiner aesthetischen Intelligenz und seinem Willen verdanken möchte und nichts und niemandem anderen.

Mag das in den meisten Fällen auch nur eine abstrakte Idee geblieben sein – es ist aufschlußreich genug, daß sie im Bereich der Dichtung überhaupt auftauchen konnte. Und an ihr enthüllt es sich, worum es im Grunde geht. Nachdem Gott als Schöpfer ›abgeschafft‹ worden ist, soll das Schöpfertum des Menschen, in dem Eingebung und Gehorsam, Geheimnis und Spontaneïtät eine dem modernen Menschen unerträgliche Rolle spielen, abgeschafft werden zugunsten einer Supra-Kreation, die allein in der Macht des sich autonom setzenden Menschen steht.

Es ist nicht nur die Kunst, die sich geändert hat und sich mehr und mehr ändert; es ist nicht nur der Künstler, der sich geändert hat und zur Hälfte eine Art Ingenieur, zur anderen Hälfte eine Art Automat geworden ist: die ganze menschliche Arbeit hat sich geändert. Unter unseren Augen hat sie sich von der Schöpfung abgetrennt und dabei das Vornehme und Tröstende eingebüßt, wodurch sie nicht nur den Leib nährte, sondern auch die lebendige Seele des Arbeiters (W. Weidlé).

Die Revolte gegen die künstlerische Schöpfung ist eine Revolte gegen das Wesen und das Geheimnis der menschlichen Welt. Der Dichter, der sich zum Konstrukteur erniedrigt – im Wahn, den

Schöpfer-Künstler zu übertreffen –, macht das auch für die anderen Künste klar.

VI Zwei Pole der konstruktivistischen ›Kunst‹

Solange die Künste jede nach ihrer vermeintlichen Reinheit strebten, haben sich ihre Erzeugnisse anschaulich voneinander entfernt. Dadurch, daß sie sich in der zweiten Phase der Revolution alle den Idolen der Geometrie und der Konstruktion unterstellen, kommen sie sich anschaulich wieder sehr nahe und können Verbindungen eingehen. Aber diese Gleichschaltung ist erkauft durch die Unterwerfung unter eine neue ›Heteronomie‹, die viel strenger und fremder ist als jede alte. Denn jetzt hat sich die Kunst einem Außerkünstlerischen unterworfen.

Innerhalb dieser der Geometrie und der Technik gleichgeschalteten ›Kunst‹ stehen das sachliche ›neue bauen‹ am einen Pol, die absolute Malerei und Plastik (wie übrigens auch die atonale Musik und die poésie pure) am anderen einander diametral gegenüber.

»Durch das Abstellen der Architektur auf die scheinbar objektiven, der aesthetischen Willkür entzogenen Grundlagen *Funktion* und *Konstruktion, Zweck* und *Material* glaubte die *Avantgarde* der zwanziger Jahre allen Ernstes, aus der Abfolge der historischen Stilarten auf eine für Geschmackswandlungen unzugängliche Plattform des *Absoluten* herausgetreten zu sein.«[1] Aber auch bevor sich die Architektur in das technische Konstruieren aufgelöst hatte, auf der Stufe der ›reinen‹ Architektur, wie wir sie oben beschrieben haben, bleibt die Architektur an Aufgaben (das heißt aber an ihren Gegenstand) gebunden und, sofern sie gewillt ist, diese ›sachlich‹ zu lösen, an ein Objektives. Die Gebundenheit an die Aufgabe verleiht ihr eine eigentümliche Objektivität, freilich eine Objektivität niederer Art, da die Aufgaben des neuen Bauens zunächst einer niedereren

---

[1] PETER MEYER: *Europäische Kunstgeschichte*, Bd. II, S. 330.

Lebenssphäre angehören. An der Aufgabe der Fabrik, der Bürohäuser, Bahnhöfe, Flugzeughallen hat sich ihre ›Sachlichkeit‹ nicht nur zuerst, sondern auch am folgerichtigsten ausgebildet, und hier hat sie auch ihre überzeugendsten Leistungen geschaffen. Gerade hier will sie aber auch gar nicht ›Kunst‹ im alten Sinn sein und ist es auch nicht.

Man kann sehr wohl eine Architektur fingieren, die sich die Mittel verschafft hat, absolute Architektur ohne Rücksicht auf die Anforderungen der Aufgabe zu schaffen und sich so frei zu bewegen wie die absolute Malerei und die absolute Plastik. Dieser fingierte Grenzfall wird einigermaßen angenähert dort, wo der Auftraggeber selbst – begeistert für den Geist der ›absoluten‹ Kunst – dem aesthetischen Konstrukteur sehr freien Spielraum läßt und bereit ist, dafür Opfer der Bequemlichkeit und seiner gewohnten Lebensart zu bringen. Dieser Fall findet statt zum Beispiel in den ›Millionärsbauten‹ des Le Corbusier und anderer moderner Architekten, freilich nur in bedingter Form, weil gewisse praktische Zwecke auch in ihnen nicht unberücksichtigt bleiben können. Eine andere ideale Aufgabe, die einem ›ungebundenen‹, autonomen Bauen besonders weiten Spielraum läßt, ist die ›Ausstellung‹. An dieser Aufgabe hat die moderne ›reine‹ Baukunst sich auch besonders frei entfaltet, hier sind ihre originellsten Leistungen entstanden.[1] Und hier nähert sie sich – da hier der Spielraum des Subjektiven am größten ist – auch am meisten dem Geist der absoluten Malerei und Plastik an.

Reine Malerei und reine Plastik aber sind ganz frei von der Bindung an Aufgaben; sie lassen der subjektiven ›Phantasie‹ ihrer Schöpfung absolut freien Spielraum. Wohl mehr als neunzig Prozent ihrer Schöpfungen entstehen ohne Aufgabe und ohne Auftrag, und sie entstehen für Ausstellungen, die das Neue, Frappante geradezu provozieren. Der einzige Erdenrest ›zu tragen peinlich‹ ist, daß ihre Produkte noch verkaufbar sein müssen.

---

1 Vgl. Hans Sedlmayr: *Die Kugel als Gebäude oder das Bodenlose.* In: ›Das Werk des Künstlers‹, 1939, S. 278 ff.

Dritte Bestimmung: Das Ver-rückte als Zuflucht der Freiheit (der Surrealismus)

I Die surrealistische Malerei

Es gibt eine Richtung der modernen Malerei – sie ist heute in jeder größeren Ausstellung jedes Landes diesseits des Eisernen Vorhanges mit irgendeiner Spielart vertreten –, die schon auf den ersten Blick gar nichts mit den Möglichkeiten der ›reinen‹ Kunst und nur oberflächlich etwas mit den Möglichkeiten der technizistisch-aesthetischen Kunst zu tun hat. Sie zeigt ihre Gegenstände, seien sie noch so widersinnig, deutlich erkennbar, in fast schmerzhafter Bestimmtheit, in greifbarer Körperlichkeit, in quälend scharfer Perspektive. Ihre Faktur – der vertriebene Pinselstrich – ist altmeisterlich geglättet und genau. Von solcher alten Kunst unterscheidet sie sich dadurch, daß ihr eigentliches Thema das Absurde schlechthin ist. Wo dieses Absurde auch das Thema alter Bilder gewesen ist – wie zum Beispiel das Widernatürliche, Widergeordnete, Widersinnige der Höllen- und Versuchungsbilder eines Hieronymus Bosch oder die skurrilen Spiele eines Arcimboldi, der menschliche Gesichter aus Früchten, Gemüsen, Muscheln zusammensetzt –, unterscheidet sich diese moderne Kunst des Absurden, der sogenannte ›Surrealismus‹, von ihnen nur graduell und sozusagen durch das Vorzeichen.

Der Surrealismus, als Kunst genommen, ist mit Absicht ›unrein‹. Er ist unrein im formalen Sinn: ihm liegt gar nichts daran, Plastik und Tektonik des Bildes, seien sie auch formal phantastisch, zugunsten einer ›peinture pure‹ aufzugeben. Und ›unrein›, im übertragenen Sinn, sind – im ursprünglichen Surrealismus mindestens, und nur von ihm ist hier die Rede – auch seine Gegenstände, in denen alle

Daseinssphären in grenzenloser Un-Zucht sich mischen und die Schimäre die Norm ist. Nur schwachen Geistern konnte es passieren, den Namen des Surrealismus idealistisch mißzuverstehen – obwohl das die Wortführer des Surrealismus ausdrücklich abgelehnt hatten –, um es jenen gleichzutun, »welche wie Kinder vor dem, was sie fürchten, nämlich dem Scheußlichen im Menschen und in der Natur, oder dem, was sie geniert, die Augen zudrücken und anderen zuhalten« (Franz von Baader).

Die Surrealisten wollten zunächst gar keine Kunst geben. Ihnen geht es um die absolute Revolte, die Revolte in Permanenz, um den ›Chaotismus‹. Der einfachste surrealistische Akt – heißt es in dem ›Seconde manifeste du surréalisme‹ – »besteht darin, mit dem Revolver in der Hand auf die Straße zu gehen und blindlings in die Menge zu schießen«. »Die Schönheit, die brave Kunst – letztes Ergebnis der Logik (!), man muß sie zerstören.« »Zum Henker mit der Logik!« »Die Kunst ist eine Dummheit.«[1]

Das erzeugende Prinzip des Surrealismus

Auch beim Surrealismus muß man sich, um ihn wirklich zu verstehen, nicht an seine ›Ideologie‹ halten, sondern an die Praxis. Und wie für die ›absolute‹ und die ›technoïde‹ Kunst läßt sich auch für ihn das erzeugende Prinzip angeben, das erlaubt, surrealistische Werke zu entdecken oder zu machen – schlechtere oder bessere, aber jedenfalls surrealistische Werke. Ein Protagonist des Surrealismus, Salvador Dali, hat übrigens dieses Prinzip in einer absichtlich im wissenschaftlichen Slang auftretenden Formulierung völlig klar angegeben: Der (bildende) Surrealismus ist »die farbige Momentfotografie der konkreten Irrationalität« – was weniger ›wissenschaftlich‹ ausgedrückt heißt: die farbige Momentfotografie einer im buchstäblichen Sinn ›ver-rückten‹, chaotischen Welt.

Zur Anwendung dieses Prinzips: Im Sommer 1942 sah ich in einem der typischen Volksparks Rußlands folgendes surrealistisches Bild – in Wirklichkeit:

---

1 Hans Sedlmayr: *Über Sous- und Surrealismus oder Breton und Plotin.* In: ›Wort und Wahrheit‹, Februar 1948.

Vor einem stahlblauen Himmel stand eine jener in Serien fabrizierten antiken Plastiken aus billigstem Steinguß mit Gipsüberzug, die jeder kennt, der solche Volksparks irgendwo gesehen hat. Aus dem Stumpf des abgebrochenen Arms ragte das sich verzweigende Drahtgestell wie ein bloßgelegtes Aderngeflecht in das wolkenleere Blau. An den Sockel der Statue hatte ein Soldat das abmontierte Rad eines Autos gelegt und sein rotes Halstuch darumgeschlungen, und zwischen den Beinen des Apoll lag auf der Sockelplatte das Abendessen, drei erbeutete Eier. Die bedrückende Schärfe der Nachmittagssonne ließ alles in grausam stählerner Härte und schmerzhafter Plastik erscheinen. Ein Schnappschuß auf Farbfilm hätte im Bruchteil einer Sekunde ein unverkennbares Werk des Surrealismus erzeugt, kein Meisterwerk vielleicht, aber ein Werk nicht schwächer an Erfindung als Dutzende oder auch Hunderte derer, die man in Ausstellungen surrealistischer Malerei sieht. Der Künstler, der diese Kom-Position geschaffen hatte, war der totale Krieg, der auf engstem Raum Unzusammengehörendes zufällig und verstümmelt zusammengebracht, die Dinge ent-stellt und ver-rückt hatte. Das Werkzeug der Kunst wäre die *scharf* eingestellte Farbkamera gewesen, ich aber nur das Medium, welches dieses noch nie gemalte Motiv in der Wirklichkeit entdeckte – übrigens nicht anders wie unsere Väter oder Großväter ein ›malerisches Motiv‹ in der Natur entdeckten und, bevor sie es auf die Leinwand übertrugen, mit einer *unscharf* eingestellten ›Kamera‹ festhielten. Genau so haben die Surrealisten im Tohuwabohu des Trödelladens, in dem das Chaos des totalen ›Abfalls‹, seiner ursprünglichen Bestimmung entfremdet, sich zu tollen ›Assoziationen‹ zusammenfindet, ihr Tahiti, ihre Zuflucht der Freiheit entdeckt. Was ich hier geschildert habe, ist nichts anderes als »die Schönheit des zufälligen Zusammentreffens einer Nähmaschine und eines Regenschirmes auf einem Operationstisch«, welche Lautréamont, einer der Väter des Surrealismus, gepriesen hat. Denn auch dieses Zusammentreffen könnte sich als Produkt einer Unordnung, zum Beispiel während der Übersiedelung eines Arztes, durchaus in Wirklichkeit ereignen und brauchte nur ›fotografiert‹ zu werden – mit dem Apparat oder mit dem Pinsel –, um ein surrealistisches Bild zu ergeben. Ja, es genügt schon ein einziges aus einem natürlichen Zusammenhang ver-rücktes Ding, wie die WC-Muschel, die Duchamp ›Fontaine‹ nannte und ausstellte, um das surrealistische ›magische Ding‹ und das Prinzip des Surrealismus – die ›absichtliche Verrücktheit‹ – in ›Reinkultur‹ zu demonstrieren.

Genausogut wie in der Außenwelt kann man das ›konkrete Irrationale‹ im eigenen Inneren finden, ja besser noch, da die Natur und die Maschinenwelt, auch noch die ›denaturierte‹, der Kombination gewisse Grenzen setzt. Großes leistet in dieser Hinsicht der Traum, größeres freilich noch der Wahnsinn: Auch er entfremdet die Welt, die innere und die äußere, er bewirkt die ›dépaysage‹. Als Verfahren, um in einen dem Wahnsinn angenäherten Zustand zu kommen, empfehlen die Surrealisten eine Prozedur, die sie ›crétinisation‹ nennen; ihre Mobilisierung des Wahnsinns hat durchaus Methode. Wer sich das Rezept klargemacht hat, kann – das fotografische Handwerk vorausgesetzt – surrealistische Bilder auf kaltem Wege in billiger Kombinatorik serienweise erzeugen, mit mehr oder weniger ›Geist‹. Mit Recht sagt Dali: »Wer sich ein galoppierendes Pferd nicht auf einer Tomate vorstellen kann, ist ein Idiot.«

Für die malerisch-fotografische Faktur ist es entscheidend, daß die Dinge, welchen Fabriken des Chaos sie immer entstammen, jene aufdringliche Plastik und Greifbarkeit zeigen, welche die Garantie dafür ist, daß sie ebenso ›wirklich‹ sind wie die realsten Dinge der anfaßbaren normalen Welt. Daher auch die glatte geleckte Malweise. Denn nur so wird jener Geistespunkt nahegebracht, ›an dem Wirkliches und Eingebildetes nicht mehr als kontradiktorische Gegensätze wahrgenommen werden‹. Das ist die Formel für die von den Surrealisten geforderte ›Systematisierung der Konfusion‹.

Man findet in ungenauen Darstellungen die Produktion des Surrealismus oft durch ein Schaffen aus dem Unbewußten erklärt. Aber das erklärt die von den Surrealisten bevorzugten Themen keineswegs. Ein Zurückgreifen auf das Unbewußte müßte noch nicht jene Chaotisierung bewirken, wie sie im Surrealismus typisch auftritt. Das Reich des Unbewußten ist in sich, wie das des Bewußten, ein zwiespältiges Reich der Bilder, »denn es ist das gemeinsame Reich der sich in ihm einbildenden guten und bösen Mächte des Geistes« (Karl Rahner), der lichten und der dunklen, der ordnenden und der verwirrenden. Und es gibt Chaotisches und Dämonisches ja auch im hellen Bewußtsein. »Welche von beiden Einbildungen wirksam wird, das hängt davon ab, welche der personal wache Geist sich als seine *erwählte.*« Das Prinzip, das gegenwärtige Unbewußte in seiner Gesamtheit zu produzieren, müßte diese beiden Sphären in heilloser Vermengung erscheinen lassen, denn nicht einmal die Gesichte eines Heiligen sind auf die Dauer von dämonischen Bildern ganz frei. Es kann kein Zweifel sein, *welche* Bilder sich die Surrealisten erwählt haben. Sie haben für das Chaos und das Reich der Finsternis, für ›Blut, Verwesung und Exkremente‹ optiert. Das gestehen sie offen ein: »nous vivons avec le monstre«. Deshalb ist ihre Bilderwelt die Welt des Widersinns und der menschlichen Erniedrigung, der Hinfälligkeit und der Zersetzung, des Lärms und der Stummheit, der Lichtlosigkeit und der Kälte. Ihr Chaos ist kein gebärendes, sondern ein verwesendes, kein heißes, sondern ein eiskaltes, kein Chaos der Natur, sondern der Un- und Widernatur, jenes Chaos des ›totalen Abfalls‹, das Goethe in der vierten seiner Geistesepochen schildert: »aus dem Gott selbst keine würdige Welt zu erbauen vermöchte«.

Der Automatismus

Daß auch noch die Darstellung einer solchen Welt die Form hoher Kunst annehmen kann, dafür würde allein schon das Beispiel der Höllenbilder des Bosch Beweis genug sein. Und was gibt die Malerei des Surrealismus anderes als Ausschnitte aus innerweltlichen Höllen?

Das Hindernis liegt anderswo. Solange der Surrealismus seinem ursprünglichen Programm treu bleibt, ist er bloß Reproduktion von Rohmaterial. »Surrealismus: Reiner psychischer Automatismus, durch den man sich vornimmt, sei es in Wort, sei es in Schrift, sei es auf irgendeine andere Weise« (Bild) »den wirklichen Vorgang des Denkens auszudrücken.« »Diktat des Gedankens, ohne jede durch den Verstand ausgeübte Kontrolle, außerhalb jeder aesthetischen oder moralischen Voreingenommenheit.« »Vor allem kein Gedanke an Kunst, kein Gedanke an Struktur.« Das Verfahren der Surrealisten beim Herstellen ihrer Produkte ist ein durch und durch unkünstlerisches: der *Automatismus.* Nach ihrer Doktrin gibt es keine ›*Begabung*‹: alle sind auserwählt. Jeder kann surrealistisch produzieren, sofern er nichts sein will als der Registrierapparat der inneren Stimme, ein ›Papagei‹ (so nach der surrealistischen Theorie selbst). Diese innere Stimme zum Sprechen zu bringen, braucht es nicht wie in den mystischen Versenkungen einer ethischen Reinigung, einer religiösen Kenosis (des ›Schweigens‹); sie spricht so ununterbrochen wie das Radio. Wenn es aber mit Recht als banal und unkünstlerisch gilt, einen Ausschnitt der alltäglichen sichtbaren Welt einfach abzumalen, so ist es nicht weniger banal, Träume oder automatische Einfälle einfach ›wiederzugeben‹; es ist nicht weniger banal, das in Wirklichkeit vorgefundene Irrationale im Bilde zu ›reportieren‹[1]. Das Ungewohnte solcher Gegenstände kann einige Zeit darüber täuschen, *wie* banal diese Produkte sind. Aber es hat auch eine Zeit gegeben, in der auch das bloße Abmalen des sichtbaren ›Alltags‹ als skandalös und sensationell empfunden wurde.

Der Surrealismus ist also nach dem Gesetz seiner Geburt wie nach seiner eigenen Aspiration nicht Kunst und kann es zu Kunst nur durch Durchbrechung seiner eigenen Grundsätze bringen. Es ist dieselbe Situation wie am Ende der Sackgassen der ›reinen‹ oder der ›technoïden‹ Kunst auch.

Die absichtliche Verrücktheit

Die Triebfeder des surrealistischen Irrationalismus ist eine durchaus rationale. Denn er kommt ja nicht aus einer wirklichen Verrücktheit, sondern aus einer absichtlichen, prämeditierten. Übrigens ist schon der bloße Versuch, das Irrationale des Unbewußten im ›reinen‹ Zustand darzustellen, von äußerster Rationalität. Zum abstrak-

---

[1] Es ist vielleicht die schwächste unter den vielen schwachen Positionen der modernistischen Kunstkritik, daß sie den fotografischen Realismus für Unkunst erklärt, den fotografischen Surrealismus aber zuläßt, obwohl beide sich nur durch ihre *Gegenstände* unterscheiden, die ja aber gerade nach den Grundsätzen *dieser* Kunstkritik keine Rolle spielen dürften.

ten Prinzip gemacht ist der Surrealismus, wie WEIDLÉ richtig erkannt hat, die bloße Kehrseite der rationalistischen Irrtümer.

Ist am rationalistischen Extrem der modernen Kunst der Künstler zum Konstrukteur geworden, so am irrationalistischen Gegenpol zum Automaten.

Als Reaktion auf die Diktatur des Rationalismus in der technischen Welt ist der Surrealismus sogar in seinen wüstesten Exzessen immerhin menschlich begreiflich; seine Devise könnte das »flectere si nequeo superos Acheronta movebo« sein, das nicht zufällig über einer der frühen Schriften Sigmund Freuds steht, aus dessen geistiger Nachfolge die Anführer der ersten Surrealisten, Breton und Aragon, gekommen sind.

II Surrealistische Plastik und Baukunst

Plastik und Architektur eignen sich als Medien des Ausdrucks für den Surrealismus schon deshalb schlecht, weil die Herstellung der Werke zu lange dauert und die unmittelbare Umsetzung der ›automatischen Vision‹ auf Hindernisse stößt. Da aber die Leistung des Surrealismus wesentlich schon in der Entdeckung eines ver-rückten Dinges liegt, tut man recht, die sogenannten ›ready mades‹ und ›objets trouvés‹ des Duchamp als surrealistische Plastik anzusehen, welche eben nicht gemacht, sondern gefunden wird. Rein chronologisch sind sie sogar die frühesten Äußerungen des Surrealismus. Schon 1914 verfuhr Duchamp nach dem Rezept: »Man nehme doch nur eines dieser gewöhnlichen, zufällig aus vergessenen Winkeln aufgelesenen, *erlesenen* Dinge – einen Flaschentrockner zum Beispiel –, montiere es auf einen Sockel und stelle es dann in die fremdest mögliche Umgebung (in eine Kunstausstellung zum Beispiel) und *ironisiere* dann dieses Ding, indem man durch *Unterschrift* und Signatur es als in der Welt der Kunst beheimatet erklärt.«[1] ... So aufgefaßt offenbart ein solches Ding nur die letzte Konsequenz eines romantischen Nihilismus, der sich berufen fühlt, das Unterste nach

---

[1] WERNER HAFTMANN: *Malerei im 20. Jahrhundert*, S. 251.

oben zu kehren und die Umwertung aller Werte zu vollziehen, und zwar als ›Revolte in Permanenz‹ (Abb. 1).

In den gleichen Kreis gehören, auch wenn man sie meistens nicht dazu rechnet, jene ›collagen‹ (Klebarbeiten), sofern sie wie die Picassos »Reliefkonstruktionen aus Abfallmaterial« sind. Schwitters sammelte »in einer Art von willentlich herangezwungener Obsession« – die der surrealistischen crétinisation entsprechen dürfte – »alle herumliegenden Dinge« (also wieder ›Abfall‹!) »– Nägel, Haare, Fahrscheine usw. – und fügte sie zu Kompositionen zusammen«.[1]

Derselbe Schwitters »wollte aus den Dingen und für die Dinge« – ein euphemistischer Ausdruck, denn es handelt sich wieder um Abfall – »eine ›Kathedrale‹ bauen ... und brachte sein ganzes Leben damit hin«. »Das Innere war so angefüllt mit *Gerümpel*, daß kein Raum für *Leute* blieb.« Ebenso verräterisch wie diese ›Obsession‹ selbst ist der Umstand, daß das Museum of Modern Art den Bau unterstützte und daß der moderne Interpret dazu zu sagen hat: »Es ist das magische Ding, das ein vom Dingzauber besessener Mensch in einer Art unbewußter Frömmigkeit (!) durch ein Bauwerk anrufen und in Erscheinung bringen will.«[2]

Die Bedeutung solcher Demonstrationen liegt darin, daß sie mit enormer Schamlosigkeit dartun, wie ein Denken aussieht, das der Logik, eine Kunst, die der Struktur, eine Ethik, die der Scham – wie ein Mensch aussieht, der Gott *total* abgesagt hat.

Der Surrealismus hat demonstriert, wie alle diese Teilphänomene im ›Menschen des totalen Abfalls‹ sinnvoll zusammenhängen – so sinnvoll wie noch ein Zerrbild den Sinn des integren Bildes mitenthält. Er wird so ungewollt zur großen Entlarvung der Halben, jener, die den gleichen inneren Abfall sich und den Menschen hinter den Masken der Menschenwürde, des Humanismus und der Kunst verbergen, er zeigt, wie einst Hieronymus Bosch, »daß unter den weggerissenen Lebenslarven der Horror des Absurden entgegenglotzt« (Fraenger).

---

1 Werner Haftmann: *Malerei im 20. Jahrhundert,* S. 254.

2 Werner Haftmann: a. a. O., S. 254–55.

Schwitters ›Fetisch-Kathedrale‹, das »Spiel mit den schäbigen Resten« (Hugo Ball) ist Zeichen genug, wieviel es um 1920 geschlagen hatte. Verglichen mit den Meisterstücken des größten surrealistischen Künstlers unserer Zeit ist Schwitters freilich nur ein pauvrer Dilettant gewesen. Die vollendete surrealistische Architektur schafft der totale Krieg: Gibt es surrealistischere De-Kompositionen als die Bilder der Ruinenstädte?

Noch einmal: Hier war nur von dem originären, radikalen Surrealismus die Rede, nicht von seinen bemerkenswerten ›idealistischen‹ Rückbildungen und schon gar nicht von jener ›soi-disant‹ surrealistischen Kunst, die ihre braven biedermeierlichen Bildchen mit absurden Motiven aus dritter bis fünfter Hand ausstaffiert.

Vierte Bestimmung: Auf der Suche nach dem Ursprünglichen (der Expressionismus)

›Ursprung ist das Ziel‹

Den Expressionismus kann man in den fünfziger Jahren unseres Jahrhunderts nicht mehr gut als ›moderne Kunst‹ bezeichnen. Wir ziehen ihn trotzdem mit in die Betrachtung, weil er indirekt zum Verständnis der Geisteskämpfe jener Jahre etwas Wesentliches beiträgt, in denen die ›reine‹ Kunst des ersten Jahrzehnts in das Schlepptau des Technizismus geriet und der Surrealismus geboren wurde.

Dabei übergehen wir jene Spielart des Expressionismus, auf die sein Name zuerst hinweist und die man nicht zu Unrecht als einen Impressionismus der inneren Welt, der Welt der Empfindungen gekennzeichnet hat. Wir fassen den Begriff in einem weiteren Sinn.

Wie später der Surrealismus ist auch der Expressionismus eine Absage an die ›Logik‹, an die Intellekt-Welt des technischen Szientismus. Der ›Geist als Widersacher der Seele‹ – das ist eine typisch expressionistische Devise. Seine Absage ist leidenschaftlich, aber nicht zynisch. Zum Unterschied gegen den Surrealismus gründet der Expressionismus, wenigstens in seinem Kern, auf einem Ethos, das in einer so ergreifenden Gestalt wie der Franz Marcs in großer Reinheit zum Ausdruck gekommen ist[1].

---

[1] Hans Sedlmayr: *Franz Marc oder die Unschuld der Tiere.* In: ›Wort und Wahrheit‹, Juni 1951, etwas gekürzt abgedruckt in: ›Universitas‹ 1952, Heft 11.

Wie die absolute Kunst, die neben ihm entsteht, strebt auch er nach Reinheit, die er aber in viel tieferer Weise auffaßt. Sein Drang zum Ur-Reinen, der zugleich ein Drang zum Ur-Einen ist, geht zu den Ursprüngen, zu den Müttern, in ein Reich, wo Geist und Seele und Sinne noch ineinanderbrauen, in das Ahnungsvolle. Was diese Ursprünge seien, bleibt im Dunkeln; er hofft im Suchen zu finden. Er sucht das Ursprüngliche im ›Entwurf‹, den keine Reflexion gestört hat und der ihm deshalb wertvoller ist als die Vollendung. Er sucht es im ›Primitiven‹ aller Art, das ihm hohe Werte umschließt, und nimmt dabei das Ungeschickte, ja das Rohe und Brutale in Kauf, sofern es ihm nur ›ursprünglich‹ erscheint. Er glaubt das Ursprüngliche zu finden bei den Naturvölkern und im Archaischen aller Kulturen, in der Kunst der Ungeübten, der Kinder und der Geisteskranken. Zum Ursprung führt auch das Reich der Tiere, wenn man es sozusagen mit den Augen des Tieres selbst erschaut; Ursprung ist im uralten Mythos, in Traum, Vision und Apokalypse, zuletzt in jenem gebärenden Chaos, aus dem noch alles werden kann. Dies alles muß in der Tiefe des Menschen, des Künstlers, noch gegenwärtig sein, wenn man es zu finden weiß. Den erstorbenen Menschen der Bewußtheit und des Verstandes betrachtet er mit tiefem Mißtrauen: er hat die Harmonie der Welt gestört, er ist hassenswert und häßlich.

Der Expressionismus ist der Absicht nach religiöse Kunst auch dort, wo er profane Gegenstände gestaltet. Er möchte ›das Religiöse‹ (zuletzt doch wieder ein Abstraktum) durch die Kunst wiedererschaffen. Es stehen Künstler auf, die aus eigener Vollmacht Mythos und Symbol, Mysterium und Religion stiften möchten und damit sich und die Kunst überanstrengen. Sie übernehmen sich, weil sie auf sich nehmen, was dem einzelnen Künstler von der Gemeinschaft und der Kunst von den Religionen abgenommen worden war. Sie muten sich, indem sie den Mythos und die Religion aus der Kunst erneuern wollen, streng genommen eine demiurgische Aufgabe zu. Deshalb klingt durch das Werk dieser Künstler, welche von der Kunst einen hohen Begriff haben und um ihre ›Reinigung‹ auf ihre Weise glühend ringen, so oft der Laut einer geheimen Klage. Es ist dieselbe Klage, die das Bekenntnis eines Geisteskranken, den sein melancholischer Wahn in eine ähnliche Einsamkeit versetzt hat, wie diese Künstler der Wahn ihrer Zeit, ergreifend formuliert: »Alles Weltliche, was um mich ist, ist entschwunden, ich sehe nur mehr das Jenseits. Ich soll jetzt die ganze Welt schaffen und kann es nicht. Ich soll jetzt die Meere und Berge und alles ersetzen.« Nur wo die Sehnsucht den Fuß noch auf echte erratische Reste der alten mythischen Welt setzen kann, löst sich der Krampf der Überforderung; so zum Beispiel, wie das Franz Altheim schön gezeigt hat, bei Chagall[1]. Wo aber die hohe Über-Spannung nachläßt, ist auch diese subjektiv und romantisch religiöse Kunst in Gefahr, ins Aesthetische und nur Dekorative abzugleiten. Dort gibt es dann Übergänge zur abstrakten Kunst.

Ein Rezept, nach dem man expressionistische Werke machen könnte, läßt sich kaum angeben. Das ist ein Hinweis darauf, daß seine Kunst dem Unfaßbaren des wahrhaft Künstlerischen näher, daß sie dichter und dichterischer ist als die ›reine‹ Kunst, deren Zeitgenosse sie war. Ihre Wurzeln bleiben stärker im Dunkeln. Über ihr eigenes Wollen – von dem sie eher stammeln als sprechen – sind die Expressionisten viel weniger im klaren als jene; sie scheuen die Helligkeit und Kälte des Präzisen wie des Reflektierten. Ihre Ideologie ist fast immer verschwommen und dunkel, aber hier und da von Blitzen der Wahrheit durchleuchtet.

Die künstlerische Realisation hält mit dem Wollen nur selten Schritt. Auch ist das Unternehmen überhaupt letzten Endes zum Scheitern verurteilt. Es ist nicht möglich, zu den Ursprüngen durch das Opfer der Vernunft und des Geistes zurückzukehren. Es ist nicht möglich, Mythos und Religion aus der Kunst wiederherzustellen. Aber der Versuch hat etwas Heroisches, und noch in seinem Scheitern ist oft eine gewisse Größe.

Ist das Ziel erreicht?

»Paul Klee sagt einmal – und sein Gedanke ist ein typisch expressionistischer Wunsch –: ›Diesseitig bin ich gar nicht faßbar. Denn ich

---

[1] Franz Altheim: *Apokalyptik heute.* In: ›Die Neue Rundschau‹, 1954, Erstes Heft.

wohne gerade so gut bei den Toten wie bei den Ungeborenen. Etwas näher dem Herzen der Schöpfung als üblich – und doch noch lange nicht nahe genug.‹ Wir fragen uns: Ist er wirklich näher dem Herzen der Schöpfung? Hat ihn nicht die Bewußtheit um die Wirkungen vom Herzen der Schöpfung entfernt? Nahe am Herzen der Schöpfung ist nur derjenige, der wie das Kind ein Geschöpf erzeugt, das dann, vom Schöpfer unbeabsichtigt, sein eigenes Leben entfaltet. Nur er schafft wie die Natur, weil er nicht weiß, was er schafft, und gerade deshalb im Dienst der Welt schafft. Wer aber proklamiert, bewußt wie die Natur zu schaffen, weiß also gerade im Gegensatz zur Natur, wie er schafft, erhebt sich gerade damit über die Natur, steht nicht mehr im Dienste der Welt, sondern dient in der Bemächtigung der Welt sich selbst.«[1]

»›Das Kunstwerk ist nicht mehr Dienst an der Sache, Dienst am Menschen, sondern es ist Selbstzweck geworden, es ist nicht mehr Diener, sondern Herr: Es erlaubt damit auch keine Kritik mehr; denn seit es Schöpfung eines gottgleichen Schöpfers ist... verbietet sich von selbst jede Kritik: wer wollte die Schöpfung kritisieren, Geschöpfe und sei es auch die Kröte oder die Spinne erschaffen zu haben.‹

Wir empfinden deutlich die Hybris, die in dieser neuen Formulierung steckt. Aber wir empfinden auch, daß es nichts als die tragische Sehnsucht nach dem verlorenen Platz ›nahe am Herzen der Schöpfung‹ ist, die den Künstler zu dieser Formulierung trieb. Er möchte so gerne wieder seinen Platz nahe am Herzen der Schöpfung haben; das klingt besonders im Nachsatz an: ›und noch lange nicht nahe genug‹. Aber er fühlt sich verloren und vertrieben, gar nicht mehr im Diesseitigen, vielmehr bei den Toten und Ungeborenen, also so fern der Schöpfung, als sich nur denken läßt. Weil er weiß, daß nur der Naive nahe am Herzen der Schöpfung lebt, wird er selbst naiv; seine Schöpfung wird zur bewußten Naivität. Aber damit ist sie nicht mehr naiv, sondern schlägt in ihr Gegenteil um: in höchstes Raffinement.«

---

[1] K. Conrad: *Der zweite Sündenfall.* In: ›Annales Universitatis Saraviensis‹, 1953, Heft 1–2.

Diese bewußte Naivität ist tatsächlich ein typischer Zug des expressionistischen Schaffens, sie ist das Gegenstück zur ›absichtlichen Verrücktheit‹ der Surrealisten.

Die bewußte Naivität läßt in das Schaffen Dämonisches ein. Sobald der Künstler ›wie ein Kind‹ oder wie ein Primitiver schafft, ist ihm das sozusagen erlaubt: »Ich bin zwar böse, aber ich bin eigentlich noch ein Kind und das Böse in mir die Natur, für die ich nichts kann. Ich bin also für das Böse in mir nicht verantwortlich, *ich bin unschuldig böse wie ein Kind.*«

»So wird die ganze Dämonie des Menschlichen mit einer Art Faszination dargestellt... Dabei wird aber fast durchgehend als die Form der Darstellung die Sprache des Kindes oder des Primitiven gewählt.«

»Ungeheuer war die Entdeckung Freuds, aber ungeheuerlicher noch waren die Auswirkungen seiner Entdeckung, denn was er fand, war die Dämonie des Dionysischen, die durch seine Einsichten gewissermaßen entbunden – nämlich bewußt – wurde. Zugleich mit dem ungeheueren Gewinn an Erkenntnis verloren wir sozusagen zum zweiten Mal unsere Unschuld. Damit wurde aber die Sehnsucht nach dem Zustand der Unschuld immer größer, und desto größer wurde wieder das Anliegen, *nach dem Ursprung zurückzukehren,* wo wir noch die Unschuld besaßen. Je größer aber die Sehnsucht wurde, desto mehr drang man in die dunkle von Natur gnädig verborgene Tiefe des Unbewußten ein, um sie zurückzugewinnen; und desto mehr verlor man sie. So entstand jener Teufelskreis, in dem wir uns heute befinden.«

Ihr Streben zum Uralten, Ursprünglichen haben manche jüngere Richtungen vom Expressionismus übernommen. Dann ist es aber sehr oft nur mehr ein archäologisch versierter Klassizismus des Archaischen und des Primitiven (Fall Marino Marini), der sich an archaische *Formen* hält und dabei verkennt, daß die wahre Kunst, Mythos und Logos in einem, auch in moderner Sprache sprechend eine archaische, aber keineswegs überholte Seite des Menschlichen ist und dem Menschen eine Umwelt schenkt, in der »diese immer lebendige tiefe Schicht der Gesamtseele« sich ›natürlich‹ bewegen kann. »Suche die wahre Kunst, und das Ursprüngliche wird dir hinzugegeben werden.«

Erste Perspektive: Die Idole der ›modernen Kunst‹

I Die höchsten ›Interessen‹ der modernen Kunst

Das Gesetz der Idolbildungen

Wir haben versucht, vier Bestimmungen der ›modernen Kunst‹, vier ›Primärphänomene‹, herauszuarbeiten. Dabei hat es sich gezeigt, daß diese selbst untereinander zusammenhängen, sei es durch unbemerktes Umschlagen der ursprünglichen Tendenz, sei es durch offenen Widerspruch.

Hinter diese Primärphänomene kann man zwar nicht mehr zurückgehen, aber indem man sie einfach anschaut, kann man erkennen, daß sich in jedem ein bestimmter Glaube verkörpert. Denn zu allen Zeiten wird der Mensch und sein Schaffen bestimmt durch seine höchsten Glaubensinhalte.

Das Gesetz des Wandels dieser Glaubensinhalte im 19. und 20. Jahrhundert hat ALFRED MÜLLER-ARMACK in hoher Klarheit dargelegt.

»*Die Auflösung des Glaubens ist keineswegs ein rein theologisches Problem, das nur insofern existiert, als man die Dinge vom Standpunkt einer bestimmten Religion betrachtet, und das wesenlos wäre, sobald man ihn verläßt. Vielmehr ist sie eine konkrete Erscheinung mit höchst realen geistigen und sozialen Konsequenzen und als solche in der geisteswissenschaftlichen Betrachtung nicht zu übergehen.* Sie umschließt schlechthin geltende Sinngesetzlichkeiten der religiösen Haltung, die auch in einer voll säkularisierten Welt weiter bestehen.«[1]

---

[1] *Das Jahrhundert ohne Gott* (Münster 1948), S. 54 ff.

»Der Mensch, so können wir sagen, ist ein auf die Erfahrung einer Transzendenz eines höchsten göttlichen Seins gerichtetes Wesen.«

»Der Mensch hat die Freiheit, dem Glauben abzusagen. Aber er ist nicht befähigt, ohne Transzendenz zu leben.«

»Seine Freiheit, Gott zu leugnen, erkauft der Mensch mit dem Zwang, seine Welt mit Götzen und Gespenstern zu beleben.« An die Stelle des Gottesglaubens tritt der Glaube an bestimmte irdische Dinge, auf die er nun – und das ist das Entscheidende – die ganze Macht und Würde des wahren Absoluten überträgt. Das ist der Vorgang der Idolbildung. Solche Idole können sein und waren seit dem Ende des 18. Jahrhunderts: die Liebe, die Natur, die Kunst, die Wissenschaft, der Fortschritt, der Staat und viele andere mehr.«

»Mit dem Glaubensausfall ist eine notwendige Erschütterung der sittlichen und rechtlichen (und fügen wir hinzu: der künstlerischen) Normen verbunden. Denn das zur Wirksamkeit der Normen notwendige Gefälle zwischen der Transzendenz, der sie entstammen, und der Welt, auf die sie Anwendung finden, ist hinfort nicht mehr vorhanden. Zwar wird innerhalb der säkularisierten Kultur versucht, im Gewissen oder im Sittengesetz Quellen persönlicher und weltlicher Ethik (oder in einer Aesthetik Quellen von Kunstnormen) zu erschließen. *Solche Versuche leben aber von der Substanz vergangener Zeiten,* da ihre Begriffe ja dem Religiösen entnommene Vorstellungen sind, die nur von ihm aus einen wirklichen Sinn erhalten.«

Keines dieser Idole vermag die Angewiesenheit des Menschen auf das wahre Absolute zu befriedigen. Deshalb stürzt ein Idol das andere. Alle Versuche, einer bedingten, endlichen Erscheinung einen unbedingten Wert zuzusprechen, müssen künstlich bleiben. Und nachdem alle Werte als Idole durchprobiert sind und versagt haben, erscheint zuletzt der gegen alle Werte sich richtende Nihilismus. So ist es zu verstehen, daß das 19. und 20. Jahrhundert der Schauplatz furchtbarer geistiger Kämpfe nicht nur war und ist, sondern sein *muß.*

»Das Idol weist immer nach oben, es ist das Derivat religiöser Positionen.« Die höchsten Interessen des Geistes zum Bewußtsein zu bringen, wäre nach Hegel Aufgabe der Kunst. Die höchsten

Interessen des modernen Geistes zeigen sich in der Kunst und erweisen sich als Idole.

Dieses Gesetz MÜLLER-ARMACKS bestimmt entscheidend auch das Schicksal der Kunst[1]. Auch für die Kunst gilt der Satz FRANZ VON BAADERS, »daß es keinen Menschen gibt und gab, der nicht seinem Gott oder seinem Götzen Opfer bringt«. Durch Beantwortung der Frage, welches Idol jedem der hier aufgedeckten Primärphänomene zugrundeliegt, sich in ihm verkörpert, wird dieses Primärphänomen noch tiefer verständlich.

Wer MÜLLER-ARMACKS Erkenntnisse nicht annehmen zu können glaubt, kann derselben Phänomene ansichtig werden, indem er die Frage stellt: *Welches sind die ›höchsten Interessen‹ der ›modernen Kunst?‹* welches ihre Ideale? Und: Sind diese Ideale noch genuine Ideale der Kunst? Eine objektive Untersuchung ergibt, daß diese Ideale außerkünstlerische sind: die ›Reinheit‹, die Geometrie, die moderne Technik, das Unbewußte. Sie müssen deshalb – auch ohne Hinblick auf religiöse Tatsachen – als ›falsche Ideale‹ der Kunst, das heißt aber als Idole, bezeichnet werden.

Die höchsten mit dem gesamten Wert und der Würde des Absoluten umkleideten irdischen Wesenheiten sind für die moderne Kunst: Einmal: Sie selbst; dieser Kult der Kunst ist der Aesthetizismus. Zweitens: Die Geometrie und die auf ihr beruhende oder ihr verwandte Wissenschaft, der Szientismus. Drittens: Das Produkt dieser Wissenschaft, die Technik als ›höchste Realität‹, der Technizismus. Viertens: Im Gegenschlag gegen die drei ersten Idole, das Absurde und das Chaos, der Surrealismus.

Andere Idole, wie der autonome Staat, haben die Kunst im 20. Jahrhundert zwar gleichfalls in ihren Dienst genommen, ohne sie aber tiefer zu faszinieren und zu inspirieren. Wenn man schärfer zusieht, wird man noch einige andere Idole entdecken, die das Gesamtbild der modernen Kunst aber nicht wesentlich bestimmen. Unter ihnen dürfte das größte der Tod sein; es gibt etwas wie Kulte des Todes. Doch ist dies eine Vermutung, die wir hier liegen lassen.

---

[1] HANS SEDLMAYR: *Die Kunst im Zeitalter des Atheismus.* In: ›Das Münster‹ 1950, Heft 5–6.

Wir versuchen nun jedes dieser Idole mit dem ihm zugeordneten Primärphänomen in Verbindung zu bringen und es durch geistesgeschichtliche Zusammenhänge weiter zu erhellen. Doch muß dieser Versuch notwendig eine rohe Skizze bleiben, da für ihn noch viel historische Vorarbeit zu leisten bleibt.

II Der Aesthetizismus[1]

Die Anfänge des Kults der Kunst als höchster Wert wird man in der Aufklärung suchen dürfen. Ich verdanke Alois Dempf den Hinweis auf Diderot (›Rameaus Neffe‹) und die Erkenntnis von dem Zusammenhang des Aesthetizismus mit der Leugnung von Gott, Freiheit und Unsterblichkeit.

Am Ende des 18. Jahrhunderts äußert sich die Vergöttlichung der Kunst schon in aller Deutlichkeit. Der Gedanke von der Heiligkeit der Kunst ist etwas absolut Neues, und ebenso neu ist es, im Künstler den ›Höchsten unter den Irdischen‹ zu sehen, den ›Priester der Kunst‹. Aber der junge Goethe geht 1773 noch weiter: ihm ist der Künstler nicht nur der ›Gesalbte Gottes‹, den wir anbeten, sondern ›Gott gleich‹; vor dem Künstler liegt die Welt wie vor ihrem Schöpfer. Wackenroder vergleicht den Genuß edler Kunstwerke dem Gebet. Die Kunst-Religion schafft sich in dem Museum einen ›Tempel der Kunst‹, eine ›Aesthetische Kirche‹[2].

So rein und erhaben diese Frühformen des Kultes der Kunst, getragen von großen Menschen und Künstlern, auch sind: die Keime der künftigen Entwicklung sind doch schon hier gelegt.

---

1 Für diesen Abschnitt ist von entscheidender Wichtigkeit das Kapitel ›Die Knechtung durch das Aesthetische‹ in Nikolai Berdjajews Buch: *Von des Menschen Knechtschaft und Freiheit,* 1954.

2 Dazu *Verlust der Mitte,* S. 31 ff.

›Pereat mundus, fiat ars‹

Ist diese Vergöttlichung der Kunst noch auf einen objektiven, wenn schon übersteigerten Wert gerichtet, so gibt ihr der linke Flügel der Romantik die entscheidende Wendung ins Subjektive. Alle Züge, die wir (oben Seite 67f.) zur Kennzeichnung des autonomen Künstlers herangezogen haben, sind (auch noch bei Picasso) typisch romantische Züge: Das Spiel mit den Möglichkeiten ist typisch romantischer ›Occasionalismus‹ (Carl Schmitt), und daß die Schwermut und die Ironie romantische Attitüden sind, ist bekannt. Erst in der Romantik nimmt der Aesthetizismus jene Wendung zum Narzißmus des allmächtigen künstlerischen Ich, den Hegel am Begriff der Ironie mit großer Klarheit entwickelt hat[1].

»Als Künstler aber diesem Prinzip gemäß lebe ich, wenn all mein Handeln und Äußern überhaupt, insoweit es irgendeinen Inhalt betrifft, nur ein Schein für mich bleibt und eine Gestalt annimmt, die ganz in meiner Macht steht.« Da dies beim Bauen nie ganz möglich ist, äußert sich der Aesthetizismus am konsequentesten in der Dichtung und später in der Malerei. »Dann ist es mir weder mit diesem Inhalt noch mit seiner Äußerung und Verwirklichung überhaupt wahrhafter Ernst! Denn wahrhafter Ernst kommt nur durch substantielles Interesse, eine in sich selbst gehaltvolle Sache, Wahrheit, Sittlichkeit u.s.f. herein, durch einen Inhalt, der mir als solcher schon als wesentlich gilt, so daß ich für mich selber nur wesentlich werde, soferne ich mich in diesen Gehalt versenkt habe und ihm in meinem ganzen Wissen und Handeln gemäß geworden bin. Auf dem Standpunkte, *auf welchem das alles aus sich setzende und auflösende Ich der Künstler ist,* dem kein Inhalt des Bewußtseins als absolut und an und für sich, sondern als selbst gemachter vernichtbarer

[1] Georg Wilhelm Friedrich Hegel: *Vorlesungen über die Aesthetik* (Hegels Werke, vollständige Ausgabe Omscher und Humblot, Berlin 1842, 2. Auflage, Bd. X, 1. Abt., 82–87). – Vgl. dazu Hans Sedlmayr: *Bild und Wahrheit. Vier Texte zur Unterscheidung der Geister in der Kunst.* In: ›Wort und Wahrheit‹, Juli 1953.

Schein erscheint, kann solcher Ernst keine Stätte finden, da nur dem *Formalismus des Ich* Gültigkeit zugeschrieben ist. – Für andere zwar kann meine Erscheinung, in welcher ich mich ihnen gebe, ein Ernst sein, indem sie mich so nehmen, als sei es mir in der Tat um die Sache zu tun – aber sie sind darin getäuschte, pauvre, bornierte Subjekte, ohne Organ und Fähigkeit, die Höhe meines Standpunktes zu erfassen und zu erreichen. Dadurch zeigt es sich mir, daß nicht jeder so frei (d. i. formell frei) ist, in allem, was dem Menschen sonst Wert, Würde und Heiligkeit hat, nur ein Produkt seiner eigenen Macht des Beliebens zu sehen, in welcher er dergleichen gelten, sich dadurch bestimmen und erfüllen lassen kann, oder auch nicht. Und nun erfaßt sich diese Virtuosität eines ironischen künstlerischen Lebens als eine *göttliche Genialität,* für welche alles und jedes nur ein wesenloses Geschöpf ist, an das der freie Schöpfer, *der von allem sich los und ledig weiß, sich nicht bindet, indem er dasselbe vernichten wie schaffen kann.* Wer auf solchem Standpunkt göttlicher Genialität steht, blickt dann vornehm auf alle Menschen nieder, die für beschränkt und platt erklärt sind, insofern ihnen Recht, Sittlichkeit usw. noch als fest, verpflichtend und wesentlich gelten.«

»Dies ist die allgemeine Bedeutung der genialen göttlichen Ironie, als dieser Konzentration des Ich in sich, für welches alle Bande gebrochen sind und das nur in der Seeligkeit des Selbstgenusses leben mag.«

»Insofern nun aber die Ironie ist zur Kunstform gemacht worden, blieb sie nicht dabei stehen, nur das eigene Leben und die besondere Individualität des ironischen Subjekts künstlerisch herauszugestalten, sondern außer dem Kunstwerk der eigenen Handlungen u. s. f. sollte der Künstler auch äußere Kunstwerke als Produkte der Phantasie zustande bringen. Das Prinzip dieser Produktionen ... ist nun wieder die Darstellung des Göttlichen als des Ironischen. Das Ironische aber als geniale Individualität liegt in dem sich-Vernichten des Herrlichen, Großen, Vortrefflichen, *und so werden auch die objektiven Kunstgestalten nur das Prinzip der sich absoluten Subjektivität darzustellen haben«* – daher die Unwesentlichkeit aller anderen Inhalte und Gegenstände! – »indem sie das, was dem Menschen Wert und Würde hat, als Nichtiges in seinem sich-Vernichten zeigen. Darin liegt denn, daß es nicht nur nicht ernst sei mit dem

Rechten, Sittlichen, Wahrhaften, sondern daß an dem Hohen und Besten nichts ist, indem es sich in seiner Erscheinung in Individuen, Charakteren, Handlungen selbst widerlegt und vernichtet und so die Ironie über sich selbst ist. Wird nun aber die Ironie zum Grundton der Darstellung genommen« – wie das in der modernen Kunst nicht selten der Fall ist – »so ist dadurch das Allerunkünstlerischste für das wahre Prinzip des Kunstwerks genommen. Denn teils kommen platte Figuren herein, teils gehalt- und haltungslose, indem das Substantielle« – der menschliche Gehalt – »sich in ihnen als das Nichtige erweist, teils treten endlich noch jene... unaufgelösten Widersprüche des Gemüts hinzu. Solche Darstellungen können kein wahrhaftes Interesse erwecken. Deshalb denn auch von seiten der Ironie die steten Klagen über Mangel an tiefem Sinn, Kunstansicht und Genie im Publikum, das diese Höhe der Ironie nicht versteht.«

Mit der nüchternen Sachlichkeit einer für niedere Zwecke schaffenden aber auf dieser Ebene sehr vollkommenen und objektiven Baukunst und der reinen Subjektivität einer in ›göttlicher Genialität‹ produzierenden Malerei und Plastik sind freilich nur zwei äußerste Extreme der modernen Kunst bezeichnet.

Es fehlt dieser Haltung – das kommt vielleicht bei Hegel nicht genug heraus – durchaus nicht an verführerischem Glanz. Das Selbstzerstörerische des Prinzips besteht aber darin, daß es, indem es alle Werte außerkünstlerischer Art ignoriert, zum Schluß auch die Werte der Kunst selbst auflöst zugunsten des höchsten Werts: der Allmacht des absolut freien Künstlers. Das eritis sicut deus hat gewirkt.

Der Aesthetizismus und die Verzweiflung

Es gibt noch andere Spielarten des Glaubens an die Kunst als höchsten Wert. Der Auffassung, daß die Kunst ›abgelöst‹ von allem Äußeren ihre Existenz ganz allein in sich habe, daß sie »ihr Dasein der obersten, durch nichts mehr eingeschränkten Souveränität des Künstlers verdanke«, ist wahrscheinlich verbreiteter als man sehen kann.

Die Position verliert nichts von ihrer Schärfe, wenn man mit Nietzsche »die Kunst als letzte metaphysische Tätigkeit innerhalb des europäischen Nihilismus« sieht, in einer Welt, in der »alles, was sonst das Leben betrifft, fragwürdig und unbestimmt ist«, wenn man daran glaubt, daß die Einheit von Leben und Geist nur noch an einer Stelle gegeben sei: »Die Zeitalter enden mit der Kunst, und das Menschengeschlecht wird mit der Kunst enden.« Denn hinter dieser eschatologischen Perspektive, in der die Kunst das Vorletzte ist, steht als letztes doch das Nichts. »Es ist die Situation der hoffnungslosen Vereinsamung ... Mit eisernem Willen und blinder (!) Leidenschaft bohrt sich Benn in das Loch, das ihn nicht mehr entläßt und ihn nur mit Finsternis umgibt. Es kommt bis zu einem perversen Glücksgefühl bei der Zerstörung des eigenen Selbst.« »Destruktion war auch ein Erlebnis, Abbau unter Morgenröten, Nihilismus ist Glücksgefühl, ... *denn daß die Kunst alles rechtfertige, das war das Gesetz, das unantastbare ihres Lebens.«*[1]

Mag sein, daß hie und da ein Lichtstrahl in diese Finsternis fällt, aber solange er nicht die Erkenntnis bringt, daß in das ›Loch‹ gerade dieser aesthetizistische Aberglaube hineingeführt hat, bleibt auch dieser Lichtstrahl nur ein ›Erlebnis‹.

Die Aufhellung dieser Finsternis bringt erst der erstaunliche Glaube Dostojewskijs: »Die Schönheit wird die Welt erlösen.« Denn die Schönheit, die *er* meint, ist nicht die Schönheit der sich absolut setzenden Kunst. Für den, der diesen Satz verstanden hat, sind die Tage dieser Kunst-Religion gezählt.

Das relative Recht des Aesthetizismus liegt dort, wo er die Überlegenheit der Kunst gegenüber niedrigeren Daseinswerten verteidigt, gegenüber der Unterwerfung der Kunst unter den Geist der Wissenschaft, und gegenüber dem Mißbrauch der Kunst im Dienste des Kaufmanns oder eines gottlosen Staates.

---

1 Wilhelm Grenzmann: *Die Dichtung Gottfried Benns.* In: ›Universitas‹, 1955, Seite 119ff.

III Der Szientismus

Noch einmal das Streben nach Reinheit

In dem Streben nach Reinheit der Künste, so wie es die moderne Kunst verstanden hat, steckt unbemerkt etwas vom *Geist* der modernen Wissenschaft. Die ›reinen Elemente‹ der Chemie, die ›reinen Linien‹ der Entwicklungsgeschichte, die ›reine Logik‹ sind nur einige der konkreten Manifestationen dieses Geistes. Und es ist gar kein Zweifel, daß die moderne Wissenschaft dieser Fähigkeit, Stoffe, Elemente und Phänomene zu isolieren und rein darzustellen, vielleicht das meiste ihrer enormen Erfolge verdankt. Aber der Kunst ist *diese* Reinheit wesensfremd. Sobald sie sich auf sie einläßt, ist sie schon im Begriffe, sich einem unter ihr stehenden Bereich zu konformieren.

Einer der Ursprünge dieses Strebens nach Reinheit dürfte im calvinistischen Purismus zu suchen sein[1]. Daß die ›reine‹ abstrakte Kunst in Holland und Nordamerika einen besonders günstigen Nährboden gefunden hat, weist darauf hin. Dort hat man sich sogar ausdrücklich zugunsten der abstrakten Kunst auf das alttestamentarische Bilderverbot berufen. Daß in Rußland am Vorabend der Revolution ein Quellgebiet der ›abstrakten‹ Kunst aufgebrochen ist, wird geistesgeschichtlich aus der Geschichte des Sektentums zu verstehen sein.

Ein weiteres Ursprungsgebiet dieses Strebens nach Reinheit dürfte im Deismus liegen, und etwas von religiösem Pathos klingt noch immer mit, wo ›Reinheit‹ kategorisch postuliert und als ein Wert in sich betrachtet wird. Die Trennung von Gott und Mensch – ›reiner‹ Gott und ›reiner‹ Mensch unter notwendigem Ausschluß des Mittlers, des Gottmenschen, der jetzt zum Skandalon wird und werden muß –, das ist die Formel des Deismus. Und diese Trennung ist wahrscheinlich die Urgestalt aller kommenden Trennungen. Auch ist nicht zu übersehen, daß der Deismus, der Gott zum großen

---

[1] Siehe zu dieser Frage auch ERICH PRZYWARA: *Die christliche Grundfrage.* In: ›Wissenschaft und Weltbild‹ 6 (1953), S. 1–7, 86–96, 273 ff.

Weltuhrmacher gemacht hat, der Nährboden der Vorliebe für das Mechanische ist. Vom Deismus des göttlichen Weltkonstrukteurs zum Atheismus des ›homme machine‹ und zum Künstler-Konstrukteur ist es jedesmal nur ein Schritt.

Das Reinheitsstreben des Deismus und das Reinheitsstreben der Kunst ist mehr als eine historische Parallele. Es bestehen viel konkretere Zusammenhänge, die wir noch kaum durchschauen. Die führenden Revolutionsarchitekten der ersten Revolution sind sehr wahrscheinlich Deisten gewesen. Auch scheint es mir vielsagend, daß einer von ihnen, Boullée, ein kolossales Denkmal für Newton in Gestalt einer riesigen Kugel entworfen hat. Denn mit Newton beginnt das Pathos der Absolutheit der neuen Wissenschaft und das Pathos ihrer Autonomie. In seiner ›Ode an Newton‹ (abgedruckt in der ersten Auflage der ›Principia‹) hat Edmund Halley den Erfolg seines Abgottes gepriesen, indem er ihn höher stellt als die Weisen und Stifter des ganzen Altertums samt ihren ganzen Kulturschöpfungen. Die Entdeckung einer Ordnung von Erscheinungen wird als ein Ereignis von gleichem (wenn nicht von höherem) Rang angesehen wie eine spirituelle Einsicht![1]

Die Anbetung der Geometrie

In den gleichen Kreis führt die Anbetung der Geometrie, die sich in den Schöpfungen und Proklamationen der ersten und dann wieder der zweiten Revolution so prägnant äußert.

Die Rolle der Geometrie in der alten Kunst war die eines Regulativs der in einem künstlerischen Schöpfungsakt erschauten und sich bildenden Gestalt, allerdings die eines Regulativs von tiefer Bedeutung und oft mit kosmischen Bezügen. Für die neue Kunst aber wird sie konstitutiv, mit dem Anspruch auf Absolutheit und Autonomie.

Die ›Geometrie‹ ist aber einer der bedeutungsvollsten Inhalte der Freimaurerei wie der Pansophie. »Ich glaube deshalb« – sagt Peuk-

---

[1] Eric Voegelin: *Wissenschaft als Aberglaube.* In: ›Wort und Wahrheit‹, 1951, S. 356–357.

KERT –, »daß wir mit Recht vermuten dürfen, es sei in jenen ersten frühen Logen – vielleicht nicht überall aber doch maßgebend – Geometrie getrieben worden.« ›Geometrie‹ ist aber hier mehr als nur eine bloße mathematische Wissenschaft, mehr als Feldmesserei. Der Buchstabe G, das große G, bedeutet im freimaurerischen Rituale zugleich ›Geometrie‹ und ›Gott‹.[1]

Die Bedeutung, welche die Geometrie für die erste Revolutionsarchitektur gewinnt, ist wohl nur aus diesem Zusammenhang ganz zu verstehen, nur so deren Pathos, nur so, daß sie die Baukunst durch die Geometrie ›reinigen‹ will, sie mit ihr schlechthin gleichsetzt und ihr unterordnet.

Diese Unterordnung der Kunst unter die Geometrie ist in der zweiten Revolution noch viel weiter gegangen (siehe oben S. 70). Die Geometrie wird ein echtes Idol der modernen Malerei nicht nur, sondern weiter Kreise der modernen Kunst, ja des modernen Menschen überhaupt. Das hat, offenbar schon im Hinblick auf die Anfänge dieses Kults der Geometrie, Swift in seiner Parodie der Insel Laputa vorweggenommen, deren Bewohner sogar die Speisen in geometrischen Formen zurechtschneiden – eine Satire, die sich auf die geistige Ebene transportiert erstaunlich bewahrheitet hat.[2]

Dem *esprit de géométrie* hatte Pascal den *esprit de finesse* gegenübergestellt. In jenem Bereich ist nicht nur die Geometrie zu Hause, sondern auch *die Wissenschaft überhaupt.* Die Kunst aber ist dem esprit de finesse zu- und damit der Wissenschaft übergeordnet. Aber man braucht gar nicht auf Pascal zu rekurrieren, um einzusehen: Dies sind Verhältnisse, die nicht umgekehrt werden können, ohne eine ›verkehrte Welt‹ zu schaffen. Jeder Versuch der Kunst, sich dem esprit de géométrie zu konformieren, bedeutet deshalb ihre Degradation.

Die geometrisch-konstruktivistischen Richtungen der Kunst sind in der ersten wie in der zweiten Revolution die Verbündeten der politischen Revolution gewesen, die ja selbst die neue Gesellschaft

---

1 WILL-ERICH PEUCKERT: *Geheim-Kulte* (Heidelberg 1951), S. 605 ff.

2 HANS SEDLMAYR: *Das Große Reale und das Große Abstrakte.* In: ›Wissenschaft und Weltbild‹, März 1955.

auf wissenschaftlicher Grundlage aufbauen wollte und in der die neue Wissenschaft die Stelle beansprucht, welche die alte Philosophie und die Religion eingenommen hatten.

Absolute Wissenschaft und absolute Kunst

In einer Hinsicht geht die ›absolute‹ Kunst über die Wissenschaften, deren Geist sie sich angleicht, noch weit hinaus. Ganz anders noch als jene löst sie sich vom Leben.

Sehr gut erläutert diese Verhältnisse Peter Meyers Beispiel: »Es wäre denkbar, daß ein Mediziner aus wissenschaftlichem Forscherdrang sich in irgendein Teilproblem seines Stoffgebietes vertiefte, ohne die mindeste Absicht, damit Krankheiten zu heilen. Vom Standpunkt der Allgemeinheit wäre ein solches Bemühen nur so weit sinnvoll, als die erworbene Einsicht eben doch wieder indirekt der Heilung zugute kommen könnte –... Wie aber, wenn diese *absolute* Wissenschaftlichkeit die normale Haltung aller Mediziner würde? Zweifellos wäre eine solche nur auf sich selbst bezogene Wissenschaft die *reinste* Wissenschaft – science pour la science. Die praktische Heilkunst wirkt daneben unrein, komplex und kompromißhaft, denn bei ihr spielen außerwissenschaftliche Rücksichten eine große Rolle: soziale, finanzielle, persönliche. Für die reine Wissenschaft ist der Patient lediglich Objekt, nicht Person. – Eine autonome, das heißt keinem außerkünstlerischen Wertsystem verpflichtete Kunst gehört der gleichen Existenzebene an, der die ›wertfreie‹, an keine ethischen, das heißt letztlich religiösen Schranken gebundene Wissenschaft angehört. Beide gehorchen eigenen ›objektiven‹ Gesetzen und gewinnen damit eine intellektuelle Geschlossenheit wie nie zuvor – zugleich *lösen sie sich von aller menschlichen Verantwortlichkeit los.*«[1]

Dieses Ideal einer ›absoluten‹ Wissenschaft ist vielleicht am stärksten angenähert worden von der Logistik. Und hier nähern sich dann auch ›absolute‹ Wissenschaft und ›absolute‹ Kunst einander am

---

[1] Peter Meyer: *Europäische Kunstgeschichte,* Bd. II, S. 341–42.

meisten. Nicht nur gibt es einen genauen Synchronismus dieser Erscheinungen – beide haben zur selben Zeit, in den ›abstrakten‹ zwanziger Jahren geblüht, – sondern es gibt gegenseitige Sympathie und personale Beziehungen. Und das ist nur verständlich: denn beide sind in gewissem Sinne dasselbe.[1]

Diese freiwillige Angleichung des Geistes der modernen Kunst an den Geist des Szientismus hat historisch gesehen etwas immerhin Begreifliches. Der Szientismus ist eben die neue Weltreligion geworden, in seinen kruden Formen sogar die Religion der Massen, in seinen sublimen Formen die der ›Intelligenz‹, eine Weltreligion mit verschiedenen Konfessionen, aber mit gleichem Geist. Daß Teile der Kunst in den Bannkreis seiner Faszination gezogen werden würden, war beinahe zu erwarten.

Die Herrschaft dieses Geistes über beträchtliche Bereiche der Kunst ist ein historisches Faktum, aber ein unannehmbares.

IV Der Technizismus

Die Unterwerfung der Kunst unter die Technik

Das wird vollends deutlich, wenn sich die Kunst freiwillig dem Geist der Technik unterwirft.

Im praktischen Sinn ist die Technik gewiß die »härteste unwiderruflichste Realität« von allen Realitäten dieser Zeit. Der Irrtum besteht darin, sie auch für die *oberste* Realität zu nehmen, und man nimmt sie als oberste Realität in dem Augenblick, wo man fordert, daß der Mensch sich ihr zu konformieren habe. Dann ist die Technik das Schicksal, so wie es Napoleon von der Politik gesagt hat; die Technik hat Recht, einfach weil sie einmal *da* ist.

Die Forderung sich ihr zu konformieren bedeutet, *daß der ganze Mensch sich den Projektionen einer seiner isolierten Fähigkeiten, und zwar einer subalternen – der technisch-naturwissenschaftlichen ratio*

---

[1] José Ferrater Mora: *Ludwig Wittgenstein oder die Destruktion.* In der Zeitschrift ›Der Monat‹, 1952, S. 489.

– *zu konformieren habe.*[1] Und diese scheinkluge Forderung ist unannehmbar, weil sie unsinnig ist, unsinnig und nicht weniger unmenschlich als die, der Mensch müsse sich dem totalen Staat konformieren. Für die Kunst bedeutet diese Forderung die Aufgabe ihres Wesens. Das konstruktivistische Schaffen in seiner quasi-wissenschaftlichen Rationalität beansprucht den Platz der Kunst einzunehmen, aber es kann diesen Platz nie ausfüllen.

»Der Künstler hat im technischen Zeitalter nur die Wahl, sich entweder der analytischen Haltung von Technik und Wissenschaft anzupassen oder ihr bewußt zu widerstehen. Eine Kunst, die die menschliche Totalität zu vertreten sucht, sieht sich gegenüber der Technik in die Position der Romantik gedrängt. Sie steht nicht auf der Seite der technischen Modernität, sondern der bewahrenden Kräfte, und ist in Gefahr, wie alle anderen kulturellen Interessen zu einer Sonntags- und Feierabendsangelegenheit zu werden. Doch wäre es denkbar, daß die Kunst gerade als Gegengewicht gegen die wissenschaftliche Spezialisierung in Zukunft ihre wichtige Aufgabe zu erfüllen hätte.«[2]

Das relative Recht des Versuchs, die Kunst dem Geiste des Technizismus anzugleichen – und das gleiche gilt für die Angleichung an den Szientismus –, ist darin zu erblicken, daß die Kunst des 20. Jahrhunderts um eine Auseinandersetzung mit der Technik nicht herumkommen wird. Statt aber ihr höheres Wesen dem des niederen Bereichs unterzuordnen, bestünde ihre Aufgabe darin, jene Teile dieses Bereichs, die einer Transformation fähig sind, auf ihre höhere Ebene heraufzuheben und durch Angleichung an ihr höheres Wesen zu veredeln. Und dafür gibt es historische Vorbilder. Ist doch sogar die altchristliche Form der ›flachen Wand‹, welche die altchristliche Basilika von ihren antiken Vorgängern unterscheidet, durch die Sublimierung und Nobilitierung eines Wandtypus entstanden, der ursprünglich einer niederen technisch-konstruktiven Sphäre angehört hat. Der Renaissance ist es gelungen, Elemente der damals

---

1 Siehe Eric Voegelin: *Wissenschaft als Aberglaube.* In: ›Wort und Wahrheit‹, Mai 1951.

2 Peter Meyer: *Europäische Kunstgeschichte,* Bd. II, S. 322.

neuen Wissenschaften, wie die Perspektive, die Anatomie sich ohne Schaden für ihr eigenes Wesen nach ersten Schwierigkeiten organisch einzuverleiben und im Barock sie vollkommen spirituell zu verwandeln und zu verwenden. Eine analoge, nur unvergleichlich schwerere Aufgabe ist der Kunst heute gestellt.

Es gibt Ansätze, die dieser Forderung entsprechen, auch in unserer Zeit, aber das wäre ein anderes Kapitel, ein anderes Buch.[1]

V Die ›absichtliche Verrücktheit‹

Die Triebfeder des Surrealismus

Der Surrealismus entsteht aus dem äußersten Widerspruch gegen jene Welt der »technisch-szientifistischen Kristallpaläste«, in deren Klima ein großer Teil der ›modernen Kunst‹ gedeiht. Zwar kennt auch diese manchen Umschlag ins Irrationale, der Surrealismus aber sucht und proklamiert die totale Anarchie: »Es gibt keine revolutionäre Ordnung, es gibt nur Unordnung und Tollheit.« »Ein neues Laster ist geboren worden und ein Wahn mehr dem Menschen gegeben: der Surrealismus, das Kind der Raserei und des Dunkels« (ARAGON).

Den Typus, der mit den ersten Surrealisten in Reinkultur erschienen ist, hat Dostojewskij schon um 1860 in seinem ›Menschen aus dem Untergrund‹ genial beschrieben. Man könnte jedem Satz der beiden surrealistischen Manifeste einen entsprechenden Satz entgegenstellen, den Dostojewskij seinem Untergrundmenschen oder den verwesenden Leichnamen aus seiner schaurigen Vision ›Bobock‹ (1873) in den Mund gelegt hat, bei denen man den berühmten ›humour noir‹ der Surrealisten in Reinkultur findet:

»Zweimal zwei ist vier – das ist meiner Meinung nach einfach eine Frechheit.«

»Wie, meine Herren! Sollten wir nicht diese ganze Vernünftigkeit mit einem Fußtritt zertrümmern?«

---

[1] Vgl. PETER MAYER: a. a. O., Bd. II, S. 322.

»Und warum sind Sie so fest, so feierlich überzeugt, daß ausschließlich das Normale und Positive ... für den Menschen vorteilhaft ist?«

»Meine Damen und Herren, ich schlage vor, sich überhaupt nicht mehr zu schämen. Ach ja, ach ja, wollen wir uns nicht mehr schämen, riefen sofort viele Stimmen und sonderbar, es ließen sich auch viele *ganz neue* Stimmen hören. – Doch – eine Bedingung! Ich verlange, daß man nicht lügt. Auf Erden leben und nicht lügen ist unmöglich, denn Lüge und Leben sind synonym: hier aber wollen wir zur Erhöhung der Heiterkeit einmal *nicht* lügen. Entblößen wir uns alle und zeigen uns nackt. Ach ja, ja, entblößen wir uns, entblößen wir uns, riefen viele Stimmen aus vollem Halse.«

»Gerade in der Verzweiflung liegen die intensivsten Genüsse.«

Und so weiter. Fügt man dazu noch die Lust am Skandal und die Apotheose des Selbstmords (Kirilow), so fehlt kaum einer der Punkte des surrealistischen Programms.[1]

Dostojewskij hat aber diesen Typus nicht nur prophetisch beschrieben, wie er auch den Totalitarismus des ›Kristallpalastes‹(!) und seine Konsequenzen bis zur Menschenfresserei prophetisch vorausgesagt hat, sondern er hat diesen Typus auch tief erklärt, und zwar als den leibgewordenen Widerspruch gegen jene totale Ordnung einer mechanisierten, arbeitsteiligen Gesellschaft, die den Menschen zur Klaviertaste und zum Drehorgelstift entwürdigt.

»Der Mensch wird sich vielleicht den verderblichsten Blödsinn wünschen, einzig um dieser ganzen positiven Vernünftigkeit sein eigenes unheilvolles phantastisches Element beizumischen. Gerade seine phantastischen Gedanken, seine unanständigen Dummheiten wird er behalten wollen, und zwar ausschließlich zu dem Zweck, um sich selbst zu beweisen, daß die Menschen immer noch Menschen sind und keine Klaviertasten ... Und nicht genug damit. Selbst wenn er sich wirklich als Klaviertaste erweist und selbst wenn man ihm das wissenschaftlich und mathematisch beweist, selbst dann

---

[1] Hans Sedlmayr: *Über Sous- und Surrealismus oder Breton und Plotin.* In: ›Wort und Wahrheit‹, Februar 1948.

würde er noch nicht Vernunft annehmen und zum Trotze Unheil anstiften ... und eigentlich nur, um auf dem Seinen zu bestehen. Falls er aber bei sich keine Mittel, keine Möglichkeiten dazu haben sollte, so würde er sich Zerstörung und Chaos ausdenken, würde sich womöglich selbst Qualen ausdenken, aber doch auf dem Seinigen eigensinnig bestehen. Flüche würde er über die Welt ausschütten. Da aber nur der Mensch fluchen kann (das ist einmal sein Privilegium, eines, das ihn vorzugsweise von anderen Tieren unterscheidet), so wird er doch mit diesem Fluch allein schon erreichen, was er will, das heißt, er wird sich tatsächlich überzeugen, daß er ein Mensch und keine Klaviertaste ist. Wenn Sie sagen, man könne auch dieses nach der Tabelle ausrechnen, Chaos, Finsternis und Fluch, so daß schon die bloße Möglichkeit der vorherigen Berechnung alles stocken macht und der Vernunft gar nicht auszuweichen ist – *so wird der Mensch ja womöglich mit Absicht verrückt werden*, um keine Vernunft mehr zu haben und somit doch auf dem Seinen bestehen zu können.«[1]

Diese Sätze sind der tiefste Kommentar, der zu den surrealistischen Manifesten je geschrieben worden ist, ante festum, und der je geschrieben werden kann. Und wer sie verstanden hat, müßte eigentlich schon erschließen können, wie die dieser Attitüde entsprechende ›Kunst‹ aussehen müßte. Wenn einer die Lage der Kunst um 1860 so tief durchschaut hätte wie Dostojewskij die Lage des Menschen überhaupt durchschaut hat, hätte er erkennen können, daß es eine Kunst von der Art, wie sie dann die Surrealisten tatsächlich gebracht haben, nicht nur geben könne, sondern geben müsse. Der äußerste Irrationalismus in der Kunst der Surrealisten ist nur der notwendige Widerspruch gegen den äußersten Rationalismus gewisser Strömungen der wissenschaftlichen Kunst – wie er zu Dostojewskijs Zeiten im Glas-Eisen-Bau des ›Kristallpalastes‹ oder in der ›Photographie‹ impressionistischer Malereien schon hervorgetreten war – und gleichsam dessen damals noch unsichtbare Kehrseite.

---

[1] F. M. Dostojewskij: *Aus dem Dunkel der Großstadt. Aufzeichnungen aus dem Untergrund* (Ausgabe R. Piper).

Vorläufer

Das Phänomen des Surrealismus – dessen Kennzeichnung durch Dostojewskij nicht übertroffen werden kann – könnte vielleicht noch historisch erhellt werden durch die Beantwortung der Frage, woher sein Geist abstammt (keineswegs aber der Frage, woher er sich seine formalen Mittel geholt hat). Diese Frage ist schwer zu beantworten deshalb, weil zu vermuten ist, daß seine wahren Vorläufer im Kreise sektenartiger Gesellschaften zu suchen sind, die sich im historischen Untergrund verbergen. Die Tatsache, daß die Surrealisten den Marquis de Sade als eine ›Zentralfigur ihres Pantheons‹ ansehen, gibt immerhin einen Hinweis, in welcher Richtung zu suchen wäre. Einen anderen Hinweis hat WILHELM FRAENGER durch den Nachweis gegeben, daß Hieronymus Bosch, dessen Kunst die Surrealisten unendlich viel Inspiration verdanken, Anhänger der einigermaßen bekannten adamitischen Sekte der ›freien Geister‹ gewesen sei und das Programm für die Kultbilder dieser Sekte, wie zum Beispiel für den sogenannten ›Garten der Lüste‹, von dem Großmeister dieser Sekte empfangen haben dürfte.[1] Diese Hypothese Fraengers ist zwar bestritten worden, hat aber im ganzen viel Wahrscheinlichkeit für sich. Denn es ist jedenfalls kein christlicher Kult- oder Andachtsraum vorzustellen, in dem dieses Bild bestehen könnte. Solche Hinweise lassen den Surrealismus – und ich betone noch einmal, daß hier nur von dem originären Surrealismus die Rede war – als moderne Spielart jener ›schwarzen‹ Sekten des Mittelalters erscheinen, von denen wir zu wenig wissen, um die Linie durchzuziehen. Daß ARMAND HOOG die Surrealisten als ›Haeretiker unserer Zivilisation‹ bezeichnet, hat einen sehr konkreten historischen Sinn.[2]

[1] WILHELM FRAENGER: *Hieronymus Bosch, Das tausendjährige Reich* (1947).

[2] EDGAR JENNÉ: *Über den Surrealismus.* In: ›Europäische Rundschau‹, 1947, Heft 15.

Das relative Recht des Surrealismus

»Einer jeden großen Verirrung des menschlichen Geschlechts liegt eine große Wahrheit, ein tiefes Bedürfnis des menschlichen Herzens zugrunde. Sonst wäre es unerklärlich, wie ganze Generationen, ja Jahrhunderte, von dieser Verirrung umstrickt wurden.«[1] Das gilt sogar für den Surrealismus. Wo bei ihm dieses tiefe Bedürfnis des menschlichen Herzens zu suchen ist, seine ›Wahrheit‹ und damit sein relatives Recht, hat er gelegentlich selbst mit aller Deutlichkeit ausgesprochen: Es liegt in der *Sehnsucht nach dem Wunderbaren:* »Das Wunderbare – einzige Quelle der ewigen Verbindung zwischen den Menschen« (André Breton).

Das Absurde ist der schlechte Ersatz, an dem sich dieses tiefe Bedürfnis befriedigt, ohne Stillung zu finden.

---

[1] Johann Adam Möhler: *Gesammelte Schriften* (2 Bde., Regensburg 1839), Bd. I, S. 216.

Zweite Perspektive: Die Revolution der ›modernen Kunst‹

›Die Tragödie unserer Zeit
ist nicht die aller Zeiten‹
(W. Weidlé)

Die Veränderungen, die sich seit dem Beginn der ›modernen Kunst‹ in ihr und durch sie abgespielt haben, bedeuten eine Revolution, und zwar eine Revolution, wie sie es noch nie gegeben hat.

Es wäre ja auch sehr sonderbar, wenn es anders wäre, wenn in einer Epoche, in der alle Lebens-, Geistes- und Gesellschaftsverhältnisse von Grund auf umgestürzt worden sind, allein die Kunst von diesen Umstürzen im wesentlichen unbetroffen geblieben wäre. Diese Revolution ist ein fait accompli. Und sie bedeutet – das ist auch ohne Vertiefung in ihr Wesen ohne weiteres zu *sehen* – einen Bruch nicht nur mit der gesamten europäischen Vergangenheit, sondern mit der gesamten Vergangenheit der Kunst überhaupt. Das haben ihre Anführer auch sehr wohl gewußt, bekannt, gewünscht und gefordert und im Hochgefühl des Sieges der Weltrevolution auch ganz unverhüllt ausgesprochen: »Il faut tout recommencer à zéro« (Le Corbusier). »Wir sind die Dafaitisten Europas« (Aragon, einer der beiden Väter des Surrealismus). »Der Kern unserer alten Städte mit ihren Domen und Münstern muß zerschlagen und durch Wolkenkratzer ersetzt werden« (Le Corbusier). »Es sind immer noch nicht genug Bomben auf die alten Museen gefallen« (Hilla von Rebay, Leiterin des Museum of non objective art in New York, also eine Offizielle der ›künstlerischen‹ Weltrevolution).

Über die Tiefe dieser Revolution täuschen alle jene Darstellungen hinweg, welche nur die ›antinaturalistische‹ Komponente der modernen Kunst in den Vordergrund stellen. Bestünde die moderne Kunst nur darin, dann wäre sie nur eine von anderen Stilveränderungen, die sich auch in früheren Epochen ereignet haben, zum Beispiel in der Spätantike. Diese Auffassung ist nur möglich, weil die wahre Natur der Umwälzung, aus der die ›moderne Kunst‹ entsprungen ist, noch nicht erkannt ist.

Die wahre Natur der Umwälzung

Die wahre Natur dieser Revolution besteht eben darin, daß sich – wie wir im letzten Kapitel gezeigt haben – die Kunst entweder an außerkünstlerischen Mächten orientiert oder aber sich selbst autonom gesetzt und in letzter Konsequenz dieser Autonomie in nicht-Künstlerisches aufgelöst hat. In keiner früheren Epoche gibt es Vergleichbares. Die ›moderne Kunst‹ unterwirft sich in ihrer extremen Konsequenz einem Außerkünstlerischen, sei es ein verkappt auftretender wissenschaftlicher oder kritischer Geist, sei es ›die‹ Geometrie oder ›die‹ Technik, sei es der Zufall (wie im Dadaismus), sei es die chaotische Sphäre des Unbewußten oder einer verrückten Außenwelt (wie im Surrealismus).

Das heißt aber: *In dem Maße* als sich die ›moderne Kunst‹ diesen außerkünstlerischen Mächten unterwirft und zugunsten aesthetischer (aber nicht mehr künstlerischer) Mächte das menschliche Element aufgibt – und diese Unterwerfung ist in der zweiten extremistischen Phase der Revolution offen eingetreten, nachdem sie sich schon früher angekündigt hatte –, *ist sie nicht mehr Kunst.* Das ist nicht zu bestreiten, denn es ist die notwendige Folge ihrer eigenen freigewählten Orientierung.

Diese Feststellung wird dadurch erhärtet, daß ein erklärter Anhänger der ›modernen Kunst‹, Werner Haftmann, im wesentlichen zu genau den gleichen Bestimmungen kommt wie wir.[1] Es verlohnt sich, ihn ausführlich zu Worte kommen zu lassen:

»Übersehen wir noch einmal den durchmessenen Zeitraum, der sich im wesentlichen in die Zeit des ersten Weltkrieges und einige Jahre danach einschreibt, so erhalten zwei symbolische Gesten eine merkwürdig tiefe Bedeutung. *Beide lagen jenseits der ›Kunst‹*, beide

[1] Werner Haftmann: *Malerei im 20. Jahrhundert*, S. 281–82.

wurden vollzogen *als spontane Handlungen eines aus Ironie und Verzweiflung eigentümlich gemischten Zustandes* und definierten in dieser Spontaneität Entscheidungen im Unbewußten der Zeit, die nun vollzogen zu werden wünschten. Die eine war die Geste Duchamps, mit der er irgendein aufgelesenes Ding isolierte und es in einer ihm fremden Umgebung aufstellte als das Fremde, das zufällig Anwesende, dessen realste Präsenz ihm gerade den irrealsten Wert gab, *die Magie* und Würde (!) *des Fetisch*. In dieser Geste definierte sich die moderne Dingerfahrung als die Erfahrung des magischen Gegenüber. Die zweite war die Geste von Malewitsch, mit der er, um den Gegenpol der Erscheinungswelt auf das rigoroseste zu markieren, ein schwarzes Quadrat auf weißem Grunde als Bild erklärte. In dieser Geste definierte sich die moderne Formerfahrung als die Erfahrung einer konkreten Realität, die allein dem menschlichen Geiste zugehört, und in der er sich darstellt. *Beide Gesten haben mit ›Kunst‹ nichts zu tun*, sie sind Demonstrationen, sie fixieren Demarkationspunkte an der Randzone, wo die Kunst aufhört, und zwar an den entgegengesetzten Polen der menschlichen Erfahrungsebene, einerseits am *absoluten* Ding, andererseits an der *absoluten* Form, einerseits an der Wirklichkeit der Natur« (besser Unnatur, da man einen Flaschentrockner [siehe oben Seite 109; Abb. 1] nicht gut als Natur ansprechen kann), »andererseits an der Gegenwirklichkeit des Menschen.«

»*Von diesen beiden Punkten aus*« – die nicht Kunst sind! – »wird nun der Bereich der Ausdrucksgestaltung durch eine neue Aesthetik gegliedert.« Das heißt: Die neue Aesthetik ist an Unkünstlerischem orientiert! »Duchamp, Pittura Metafisica und Dadaismus schaffen die Bedingungen, aus denen die Aesthetik des Surrealismus entsteht. Alle arbeiten sie an der *Fixierung* der Aesthetik der magischen Dingerfahrung. Seit dieser Fixierung gibt es keine akzentuierende, mit den Dingbildern arbeitende Malerei, die – im Sinne des Naturalismus oder Impressionismus – außerhalb der magischen Dingerfahrung stehen würde. Sie kann es unter den veränderten Bedingungen, unter denen der moderne Geist Welt erlebt, auch gar nicht geben.«

»Kubismus, Suprematismus und Konstruktivismus schaffen die Bedingungen, aus denen die Aesthetik des Neoplastizismus der Stijl-Gruppe und Piet Mondrians entsteht. Der Neoplastizismus ist die *fixierte* Aesthetik der Erfahrung der absoluten Form als konkreter Realität« – also fixiert in einem Außerkünstlerischen! »Seit dieser *Fixierung* gibt es *keine* akzentuierende abstrakte Malerei, der dieses Bewußtsein von der Realität der Form mangeln würde. In diesen beiden Fixierungen des bildnerischen Denkens sind die gesamten künstlerischen Erfahrungsmöglichkeiten des modernen Menschen, die Erfahrungen der Außenwelt und die Erfahrungen der Innenwelt, enthalten. Alles, was an künstlerischen Reaktionen in der Moderne möglich ist, ereignet sich zwischen den beiden Erfahrungspolen des *absoluten* (magischen) Dinges und der *absoluten* (magischen) Form« – die beide, nach HAFTMANN, mit Kunst nichts zu tun haben.

»Hier liegt die Erklärung für die verblüffende und oft berufene Tatsache, daß es seit Surrealismus und Neoplastizismus (Konstruktivismus) keine neuen akzentuierten Bewegungen, keine wirklich neuen ›Ismen‹ mehr gibt, weil es sie nicht mehr geben kann. Das riesige Feld der modernen aesthetischen Welterfahrung ist in seinen Dimensionen jetzt abgesteckt; ...« Und in der Tat sieht man in einer umfassenden Aufstellung der ›modernen Kunst‹ 1955 die ganze Welt geteilt zwischen diesen beiden Bewegungen; von den älteren Richtungen sind nur noch unscheinbare Minoritäten zugelassen.

In diesem Text sind zwei entscheidende Erkenntnisse festgehalten:

Erstens: Die beiden ›Gesten‹ – das schwarze Viereck auf weißem Grunde des Malewitsch und das ›verrückte‹ Ding des Duchamp – bezeichnen wirklich zwei Eschata, zwei letzte Möglichkeiten der ›modernen Kunst‹, die in der Mitte des 20. Jahrhunderts die Ausstellungen beherrscht. (Ja, man kann an ihnen ganz genau bestimmen, wann die Revolution in ihre extreme Phase eingetreten ist: 1911 und 1914.) Und es sind offenbar *Idole* der Kunst. Denn, zweitens: Die Produkte der beiden ›Gesten‹ liegen nach HAFTMANN selbst »jenseits der Kunst«, beide »haben mit Kunst nichts zu tun«.

In diesen Punkten besteht vollkommene Übereinstimmung.[1] Nur wäre für die ›moderne Baukunst‹ noch das Kugelhaus zu ergänzen, das eine ebenso symbolische Geste darstellt.[2]

---

1 HANS SEDLMAYR: *Das Große Abstrakte und das Große Reale.* In: ›Wissenschaft und Weltbild‹, März 1955.

Nun erwartet man die Folgerung: Wenn die beiden Fluchtpunkte, durch die alle lebenden Richtungen der ›modernen Kunst‹ bestimmt sind (und das behauptet ja HAFTMANN selbst), selbst nicht Kunst sind (und auch das stellt HAFTMANN fest), dann müssen alle Richtungen, die diese Punkte als Richtpunkte nehmen, in dem Maße als sie sich ihnen nähern, selbst mehr oder minder unkünstlerisch sein. Umgekehrt: Nimmt man diese beiden ›Gesten‹ als Quellpunkte der 1955 überlebenden Richtungen der modernen Kunst, so heißt das, daß diese Strömungen aus schlechthin unkünstlerischen Haltungen entspringen und nur in dem Maße Kunst sind, als sie von diesen Haltungen entscheidend abweichen. Diese Folgerungen sind so zwingend, daß ihnen nicht auszuweichen ist. Daß HAFTMANN sie nicht vollziehen kann, ist nur natürlich: Er müßte ja seine ganze Position zerstören, wenn er mit seiner Einsicht Ernst machen wollte, und das ist von ihm nicht gut zu verlangen.

Die revolutionäre ›Kunst‹ wollte nicht mehr Kunst sein

Nun vergißt man heute in dem Streit um die ›moderne Kunst‹ etwas Entscheidendes, *daß nämlich die extremen revolutionären Richtungen der Kunst ja selbst gar nicht mehr Kunst sein wollten.* Das ist in den zwanziger Jahren, in der Zeit der großen Offenheit, damals als sich die Volksdemokratie noch offen Diktatur des Proletariats nannte, von den Avantgardisten auch ganz offen ausgesprochen worden. Die einzelnen Künste wie die Kunst sollten in ›umfassendere Bereiche‹ aufgelöst werden.

Unverhohlen haben die Avantgardisten die Abschaffung der Architektur proklamiert: »... die Architektur ist aus der isolierten Stellung, die sie mit Malerei und Skulptur eingenommen hatte, in den Strom gezogen worden ... Der Begriff Architektur ist zu eng geworden« (GIEDION 1928). Die Architektur wird abgeschafft,

---

[2] (s. Seite 139) HANS SEDLMAYR: *Die Kugel als Gebäude oder das Bodenlose.* In: ›Das Werk des Künstlers‹, 1939, Seite 278–320.

indem man sie als eine bloß historische Kategorie auffaßt, der es bestimmt ist, auf der jetzt erreichten neuen Stufe des Menschengeistes zu verschwinden und als Sonderfall im universalen Schaffen des Konstrukteurs aufzugehen – so wie die Religion als ›überholt‹, als bloße historische Kategorie von der Wissenschaft abgelöst werden soll. Ja, man muß noch weitergehen: »Denn vom strengsten Funktionalismus her war Kunst überhaupt überflüssig« (Haftmann). Auch die Surrealisten haben sich ganz offen gegen die Kunst erklärt, wie die Futuristen gegen die Musik.

Aber auch für einen Piet Mondrian ist die Kunst nur etwas Vorläufiges: »In Zukunft wird die Verwirklichung des rein Bildnerischen in der greifbaren Wirklichkeit das Kunstwerk ersetzen. Dann werden wir Gemälde nicht mehr nötig haben, denn wir werden inmitten realisierter Kunst leben. Die Kunst wird in dem Maße verschwinden, als das Leben mehr Gleichgewicht haben wird«, in dem Maße nämlich, als es sich der neuen ›Gegen-Natur‹ konformiert haben und sich in sie aufgelöst haben wird. Und was diese erhoffte und gepriesene Gegennatur, was ›Metropolis‹ sein wird, darüber besteht kein Zweifel: das zum Idol erhobene, an Szientismus und Technik orientierte Konstruieren.

Diese Abschaffung der Kunst ist innerhalb der modernen Welt – das muß man erkennen und sich eingestehen – ein Akt von absoluter Folgerichtigkeit, und die Moderne könnte sich dabei auf Hegels Ausspruch berufen, daß die Kunst nach der Seite ihrer höchsten Bestimmung für uns etwas Vergangenes sei. In einer Welt, in der die Philosophie, die Religion als historisch überwundene Erscheinungen gelten, wäre es inkonsequent, die Kunst beizubehalten. Im Wesen der Kunst steckt etwas Ganzheitliches, Unspezialisiertes und Unzerspaltbares, eine Verbindung verschiedener Seinsschichten und -bereiche, die dem ›modernen‹ Geist nur als unsaubere Vermischung erscheinen kann.

Würde die moderne Produktion sich nicht mehr ›Kunst‹ nennen, so wären mit einem Male die Fronten ganz klar. Denn die ›moderne Kunst‹ kann die alte Kunst so wenig ›ersetzen‹ wie der Ingenieur den Architekten, wie das Muster das Ornament, wie die Logistik die Philosophie, wie die Naturwissenschaft die Religion. Und wie sonderbar wäre es, wenn die neue Wissenschaft sich ›moderne Religion‹

nennen wollte! Sie würde damit allerdings zum Ausdruck bringen, was viele möchten, aber auch deutlich machen, daß dieser Anspruch illegitim und unerfüllbar ist.

Daß man die Abschaffung der Kunst nur kurze Zeit lang offen proklamiert hat, daß man den alten Namen beibehält, hat naheliegende und sehr begreifliche Gründe.

Die Taktik der Revolution

Denn in der rückläufigen Phase, als das Bündnis zwischen der modernen revolutionären Kunst und den sozialrevolutionären Mächten von diesen aufgelöst wurde und sich die Avantgarde einer au fond bürgerlichen Welt einordnen mußte, ist dieses offene Programm verhüllt worden. Die Zweideutigkeit der modernistischen Kunstkritik beruht gerade darauf, daß sie das moderne Bauen und die moderne Bildnerei als etwas ganz Neues und vollkommen Anderes als alle alte Kunst erkennt, ihr aber aus sehr naheliegenden praktischen Rücksichten doch denselben Namen läßt wie den alten Schöpfungen: den der Kunst.

Darin wird sie von einer Kunstgeschichte unterstützt, die, ihr verwandt, selbst ein Kind des formalistischen Geistes ist. Die in den zwanziger Jahren blühende abstrakte Stilgeschichte sieht von allen Inhalten und Bedeutungen, von allen Unterschieden der Art und des Ranges – die gerade die künstlerisch wesentlichsten sind – ab, um sich nur für die Unterschiede des ›Stiles‹ zu interessieren, die wesentlich als etwas Formales, als ein Inbegriff formaler Merkmale aufgefaßt werden. Durch dieses Abstrahieren von allem nicht formal Faßbaren wird die Kunst der Vergangenheit auf ein Niveau mit den aesthetischen Produkten des modernen Geistes gebracht und die Illusion bestärkt, es handle sich auch bei dieser um nichts als um Stilwandel. Jetzt kann man ganz unbefangen eine dorische Triglyphe und eine Gruppe von Silos, eine Kathedrale und eine moderne Glaseisenhalle, eine irische Buchminiatur und eine abstrakte Malerei, eine archaische Plastik und ein ›Mannequin‹ des de Chirico vergleichen und – zur Beruhigung des Bürgers – zeigen, ›daß alles schon dagewesen‹ ist.

In der defensiven Phase der Revolution beruft man sich auf Vorläufer in der alten Kunst, um sich zu legitimieren, in der offensiven proklamiert man den Bruch mit der gesamten Tradition. Von den eigentlichen Zielen aber weicht man nicht ab.

Es wäre ebenso falsch, anzunehmen, daß es ›infolgedessen‹ wahre Kunst nur innerhalb der konservativen Richtungen der modernen Kunst geben könne, wie es falsch wäre auszuschließen, daß auch aus ihnen noch wahre Kunst erwachsen kann. Die Geschichte zeigt, daß aus scheinbar schon überwundenen Kunstrichtungen oft unerwartet noch große und wahre Kunst entstanden ist. Gemessen an dem ›style moderne‹ des Rokoko war der deutsche Spätbarock eine unmoderne Kunst. Und waren etwa Marées oder Leibl gemessen an den ›fortschrittlichsten‹ Richtungen ihrer Zeit modern? Waren sie deshalb keine Künstler?

Doch würde diese Kunst, wo sie wahre und echte Kunst ist, den Namen der *modernen* Kunst besser *nicht* für sich beanspruchen. Es trotzdem zu tun, würde einen sinnlosen Streit um Worte auslösen, ähnlich den um die ›wahre‹ Demokratie oder den ›wahren‹ Frieden.

Was ist moderne Kunst?

Die moderne Kunst, die diesen Namen verdient – und hier lösen wir zum erstenmal das Anführungszeichen auf, in das wir die Worte ›moderne Kunst‹ bisher setzen mußten –, entsteht inmitten der geschilderten Revolution und in der Auseinandersetzung mit jener Kunst, die nicht mehr Kunst sein wollte. Aber sie *entsteht aus der Substanz und dem Geist der alten und ewigen Kunst* heraus, durch eine künstlerische Verwandlung und Sublimierung von Gedanken, Anschauungen, Formen, welche aus der Revolution entsprungen sind. Sie ist erkennbar daran, daß es ihr Ernst ist mit einer sinnvollen Anpassung von sichtbarer Gestalt und Bedeutung, von Form und Aufgabe, daß sie es ablehnt, sich unkünstlerischen Mächten unterzuordnen, daß sie den menschlichen Gehalt nicht aufgibt, daß sie eine Wertordnung anerkennt und sich ihr einordnet.

Es *gibt* moderne Kunst als Ergebnis jener Auseinandersetzungen der *einen* Kunst mit der modernen Welt, in denen sich die Kunst den totalitären Forderungen der ›Modernen‹ nicht unterwirft, sondern ihr unveräußerliches ›Naturrecht‹ behauptet und das Neue, soweit es dazu fähig ist, sich anverwandelt.

Es gibt allerdings – und auch das muß gesehen und zugegeben werden – revolutionäre Richtungen, die einer solchen Verwandlung nicht mehr zugänglich sind, weil sie sich allzuweit vom Geist des Künstlerischen entfernt haben. Auch dem größten Dichter unserer Tage würde es nicht gelingen, in einer künstlichen Sprache wie dem Volapük, Esperanto, Ido wahre Dichtung oder auch nur wahre dichterische Prosa zu schaffen.

Ausblick

Das Beispiel der Sprachkunst

In dieser Situation gewinnt das Beispiel der Sprachkunst ein besonderes Gewicht, weil die Substanz der Sprache von den Gefährdungen, die auch sie von allen Seiten bedrohen, immerhin noch am wenigsten angegriffen worden ist. Sie hat die dichterische Vermählung von Laut und Bedeutung im Wort, das Einverstandensein von Laut- und Gedankengleichklang im Reim (soweit sie ihn anwendet) nicht aufgegeben und wird sie nicht aufgeben.

Der Dadaismus war für sie keine ernstliche Gefahr, so wenig wie die Verwissenschaftlichung oder die Technisierung der Sprache. Sie achtet auch im ›vers libre‹ noch strenge Sprachform und sprachliche Wirklichkeit. Die Sprachkunst läßt sich nicht in absolute Form und absoluten Inhalt zerspalten. Sie bewahrt die menschlichen Dimensionen der Sprache, die nicht nur ein Ich ausdrückt, sondern von einem Es aussagt und an ein menschliches Du appelliert. Sie dichtet nicht in künstlich konstruierten Allweltsprachen, sondern, auch wenn sie noch so modern ist, in den gewachsenen Sprachen der Völker.

Der Sprachkunst scheint deshalb inmitten der Weltrevolution der bauenden und bildenden Künste, auch der Tonkunst, die Aufgabe zuteil geworden zu sein, die ewige Idee der Kunst durch den Zeitstrom hindurchzutragen. Wo es ihnen um wahre Kunst Ernst ist, werden die anderen Künste, ohne ihr eigenes Wesen aufzugeben, sich mehr und mehr an ihr *orientieren.* Und sie beginnen schon es zu tun. Im Anfang der Erneuerung der Kunst wird *das Wort* gewesen sein. Und selbst das *ethische* Gewissen der Zeit wohnt bei den Verteidigern der Sprache.

In der Dichtkunst haben »Meister der oberen Ränge den Punkt der revolutionären Siedehitze überwunden, indem sie die allerdringendste Wirklichkeit auf sich nahmen, die noch zu bewältigen war: die Wirklichkeit der Geschichte. Was von manchen Kritikern als Restauration oder Kapitulation ausgelegt wurde, war in Wahrheit ein neuer Fortschritt: die Eroberung der Vergangenheit – des *Alten Wahren* – durch die Revolution. Das ist ja das Gesetz aller Revolutionen: daß sie sich erst vollenden können in einem gegenläufigen Prozeß der Re-Integration.«[1]

Die Forderung der Stunde: Unterscheidung der Geister und Orientierung

Die Forderung der Stunde ist die Unterscheidung der Geister: Kritik heißt Unterscheidung.[2] Eine Kunstkritik, die ihren Namen verdient, hat die Aufgabe, durch alle ›Richtungen‹ hindurch vor allem den Unterschied von Kunst und Nichtkunst wieder klar zu machen. Sie braucht weder zu verurteilen noch zu beklagen: sie muß nur sehen und sagen, *was ist.*

Und hier müßte nun ein neues Buch beginnen. Denn da die Kunst in der Schöpfung von Kunstwerken – und nicht von Richtungen – ihr eigentliches Wesen hat, käme es darauf an, von Fall zu Fall, von Künstler zu Künstler, von Werk zu Werk gerecht und vorsichtig, streng und verständnisvoll zugleich die Grenzen zwischen Kunst und Nichtkunst zu ziehen. Diese Grenze, die keine scharfe Linie ist, geht oft mitten durch das Werk eines Künstlers – zum Beispiel auch durch das eines Picasso – hindurch, und auch das ist, in dieser Weise

---

1 HANS EGON HOLTHUSEN: *Die Kunst und ihr Maß.* In: ›Süddeutsche Zeitung‹, 22./23. Oktober 1955 (komprimiertes Zitat).

2 HANS SEDLMAYR: *Bild und Wahrheit. Vier Texte zur Unterscheidung der Geister in der Kunst.* In: ›Wort und Wahrheit‹, Juli 1953. – Ferner ERNESTO GRASSI: *Apokalypse und Neugier.* In: ›Merkur‹, Mai 1955. – HANS SEDLMAYR: *Die wahre und die falsche Gegenwart.* Ebenda.

wenigstens, ohne Analogie in der alten Kunst. Denn erst jetzt ist der Künstler mit freier Entscheidung und mit der Möglichkeit des verhängnisvollsten Irrtums in den Bereich zwischen dem Künstlerischen und dem nichtkünstlerischer Mächte hineingestellt. Auch eine Kunstkritik, die vor dem konkreten Kunstwerk in ihrer Entscheidung irrte, wäre noch von höherem Rang und fruchtbarer als eine, die der wesentlichsten Unterschiede überhaupt nicht gewahr wird oder sie nicht wahrhaben möchte, die bereit ist, alles, was oberflächlich so wie Kunst aussieht, als Kunst zu akzeptieren, alles, was da ist, nur weil es faktisch da ist, künstlerisch sinnvoll und vernünftig zu finden.

Die notwendige Unterscheidung kann nicht in *abstrakter* Weise geschehen, nicht so, daß man auf Grund einer *abstrakten* Definition Kunst und Nichtkunst auseinanderschneidet; denn damit würde gerade der Irrtum der ›modernen Kunst‹ in die Kunstkritik übernommen.[1] Sondern sie muß sich in jener konkreten Form vollziehen, für die Novalis die Maxime angegeben hat: »Man weise möglichst genau jedem Gedicht seinen Bezirk an, und dies wird Kritik genug für den Wahn ihrer Verfasser sein.«

Eine so verstandene Kunstkritik ist keine Splitterrichterei, sondern eine Verteidigung des Geistes gegen den Ungeist in allen seinen Formen. Der Geist vollzieht damit »eine Selbstbefreiung von der Zaubermacht gefährlicher Idole, mit denen das Jahrhundert seine Menschen anfangs lockte, um sie am Ende in ihrem Zeichen zu quälen und zu martern.«[2]

Die so verstandene Kunstkritik muß, sie kann aber auch, dem Künstler, der Künstler sein und bleiben will, in seinem einsamen Widerstand gegen den unkünstlerischen Zeitgeist Hilfen bringen. Sie muß die positiven Ansätze sichtbar machen, die Wahrheiten in den Irrtümern, von denen aus Wege in eine mögliche Zukunft führen. Sie muß einige Punkte feststellen, nach denen sich der Künstler orientieren kann.

---

1 Vgl. dazu in Fritz Schmalenbach: *Neue Studien über Malerei des 19. und 20. Jahrhunderts* (1955), die klaren Feststellungen S. 17ff.

2 Alfred Müller-Armack: *Das Jahrhundert ohne Gott* (Münster 1948).

Vom Aesthetizismus führt kein Weg weiter. Er muß, um nicht am Ende notwendig immer wieder aus der Kunst herauszustürzen, sein Prinzip, »die Kunst nur aus der Kunst machen zu wollen«, aufgeben, so schwer ihm das fallen mag. »Cherchez l'art seul et vous n'aurez pas d'art« (WEIDLÉ).

Die Wissenschaft und die Technik werden als faktische Realitäten bestehen bleiben. Aber sie werden ihre verführende Kraft einbüßen, wenn der Künstler einsieht, daß ihr Geist dem der Kunst untergeordnet ist. Auch wird die Technik, je gewohnter sie wird, ihre Faszination verlieren, und man wird einsehen, daß die wahre Kunst imstande ist, ein Gegengewicht gegen ihre Spezialisierung zu bilden.

Das neue Bauen besitzt einen Ausgangspunkt, von dem ein Weg weiterführt in seinem *objektiven Prinzip der ›Sachlichkeit‹*. Es braucht nur konsequent in der proklamierten Richtung weiterzugehen. Wenn es lernen wird, die höheren Bedürfnisse des Menschen ebenso sachlich zu befriedigen, wie es – in den besten Fällen – die niederen, materiellen Bedürfnisse befriedigt hat, wird es sich, in Verfolgung seiner eigenen Linie, der hohen Kunst wieder nähern, den Anschluß an natürliche Tradition finden und zugleich damit für alle Künste einen neuen Entfaltungsraum schaffen. Dieses Bedürfnis kündigt sich theoretisch schon deutlich an. Auch von ehemaligen ›Avantgardisten‹ vernimmt man den Ruf nach einer ›Humanisierung‹ der Baukunst. Er darf kein bloßes Schlagwort bleiben, keine bloße Fassade, kein humanistisches ›Alibi‹.

Die Chance des Surrealismus liegt in dem offen ausgesprochenen *Bedürfnis nach dem Wunderbaren* (oben Seite 135). Wenn er imstande ist, auf die Ersatzbefriedigungen durch das Absurde und ›Magische‹ zu verzichten und mit diesem Worte Ernst zu machen, könnte sich in ihm eine alchymische Verwandlung vollziehen. Sie darf sich nicht auf die Gegenstände allein erstrecken. Dalis Gemälde mit christlichen Themen lassen den magischen Geist unverändert und genügen deshalb keinesfalls. Solange dieser magische Geist nicht aufgegeben ist, sind ihm magische Themen, wie die furchtbare Hekate, gemäßer und deshalb wahrere Kunst.

Man hört oft sagen, daß die Kunst erst wieder in Ordnung kommen könne, wenn die Gesellschaft, und diese erst, wenn die Tafel der Werte wieder in Ordnung sein werde; und das ist gewiß richtig.

Es wäre aber falsch zu sagen, daß die Kunst aus Eigenem dazu nicht etwas und sogar sehr Wesentliches beitragen könnte.

Versuchter Blick aus der Zukunft

Zu prophezeien ist nicht das Amt des Historikers. Es ist aber heute schwer, sich dem Versuch, den historischen Sinn unserer Epoche zu enträtseln, ganz zu versagen.

Versucht man sich aus den Kämpfen des Tages zurückzuziehen und unsere Epoche wie aus großer Ferne zu betrachten, so drängt sich einem folgende Vermutung auf:

Es könnte einmal als ganz natürlich erscheinen, daß die Kunst von den neuen Mächten, die der Mensch ›damals‹ selbst ins Leben gerufen hat, Wissenschaft und Technik, so fasziniert worden ist, daß sie vorübergehend ihr eigenes Wesen ihnen ganz überantwortet hat. Es könnte ebenso natürlich erscheinen, daß darauf andere Künstler mit einer Flucht in das Dunkle und absolut Unberechenbare reagiert haben. Am schwersten dürfte es auch dann noch zu verstehen sein, daß die Kunst sich selbst als höchsten Wert angebetet hat – denn der Narzißmus eines solchen Verhaltens ist menschlich viel schwerer zu verstehen als ein Dienen, sei es auch ein Dienst an falschen Idealen.

Man kann sich des Eindrucks nicht erwehren, daß dies alles typisch ›war‹ für jene *erste Phase* eines neuen Weltalters, in welcher der Mensch mit den Mächten, die er selbst entfesselt hat, nicht fertig geworden ist. In dieser ersten Phase hatte die Kunst keine wirkliche Initiative, ihre Zustände waren nur ›induziert‹, nur ›Epiphänomene‹. Ihre schwerste Aufgabe wäre ›damals‹ gewesen, die Initiative wieder zurückzugewinnen. Denn:

»Die wahre Zukunft kann nur das gemeinschaftliche Ergebnis der zerstörenden und der erhaltenden Macht sein. Eben darum sind es nicht die schwachen, von jedem Evangelium einer neuen Zeit ergriffenen, sondern nur die starken, zugleich an der Vergangenheit festhaltenden Geister, welche die wahre Zukunft zu verschaffen vermögen« (SCHELLING).

Nachwort

Eine Theorie – mag sie auch noch so unvollkommen sein – kann nur durch eine andere Theorie widerlegt werden, die mindestens ebensoviele wesentliche ›spezielle Phänomene‹ erklärt wie die widerlegte, und selbst der Ansatz zu einer Theorie nur durch einen besseren Ansatz. Jede solche Verbesserung soll willkommen sein, wenn sie nur ernstlich ›die Anstrengung des Begriffs‹ auf sich nimmt. Je rascher der vorliegende Versuch durch vollkommenere überholt wird, um so erfolgreicher wird er gewesen sein.

Dagegen rate ich davon ab, sich die Arbeit des Begreifens dadurch zu ersparen, daß man dem Gegner Ansichten unterstellt, die nicht die seinen sind. Man hat behauptet, daß meine Auffassung der ›Mitte‹ dinghaft sei: jeder, der auch nur Seite 172–73 im ›Verlust der Mitte‹ gelesen hat, weiß, daß das falsch ist. Man hat vorgegeben, ich behaupte, die künstlerische Kraft sei erschöpft: jeder, der auch nur Seite 12 im ›Verlust der Mitte‹ gelesen hat, weiß, daß das falsch ist. Und man wird mir jetzt vielleicht unterstellen, ich behaupte, daß *alle* ›moderne Kunst‹ Nicht-Kunst sei, und jeder, der die Seiten 143/144 dieses Buches gelesen hat, wird wissen, daß auch das falsch ist.

Den Streit um die ›moderne Kunst‹ zu schlichten, wird keine Theorie imstande sein. Aber sie könnte doch dazu beitragen, besser zu verstehen, worum *im Grunde* eigentlich gestritten wird.

Der Streit geht längst nicht mehr um ›Naturalismus‹ oder Nicht-Naturalismus, denn es ist nun erkannt, daß der fotografische Naturalismus der Großväter selbst schon ein erster Schritt auf dem Wege zur ›modernen Kunst‹ gewesen ist und *dieser* Streit nur der typische Streit zwischen den Girondisten und den Jakobinern der künstlerischen Revolution. Der Streit geht auch nicht mehr um

Stahlrohr oder Plüsch; diejenigen, die sich 1925 stolz als ›avantgarde‹ bezeichneten, »waren im Grunde die Trotzeinstellung gegenüber dem väterlichen Plüschsalon nie losgeworden« (PETER MEYER). Der Streit geht auch nicht um den ›verkannten Künstler‹. Das alles sind nur Diversionen, um von dem Eigentlichen abzulenken.

Vielmehr geht der Streit darum:

Erstens: Ob die Vorherrschaft des anorganischen Geistes und des mit ihm verbündeten Aesthetizismus kennzeichnend für die moderne Welt *überhaupt* ist, und ob sie bleiben wird, oder ob sie nicht vielmehr nur eine erste rohe Eingangsphase der modernen Welt darstellt und feinere, höhere Formen der Modernität sich nicht schon deutlich abzeichnen.

Zweitens: Ob dieser Vorherrschaft des anorganischen Geistes und des Aesthetizismus sich zu konformieren, für die Kunst günstig gewesen ist oder nicht; ob die wahre moderne Kunst *durch* diesen Konformismus lebt oder nicht vielmehr aus dem Widerstand *gegen* ihn.

Drittens: – und das ist die wesentlichste Frage –, ob die Vorherrschaft des anorganischen Geistes und des Aesthetizismus menschlich überhaupt annehmbar ist.

Wir behaupten, daß diejenigen zu vorschnell gewesen sind, die uns empfehlen, sich der faktisch siegreichen Revolution dieses Geistes als etwas Unabänderlichem zu konformieren. Wir behaupten, daß dieser Geist, perennierend geworden, nicht nur die Natur und Kultur zersetzen würde – wofür es Beispiele genug gibt (man werfe nur einen Blick in Alwin Seiferts Buch ›Im Zeitalter des Lebendigen‹) –, sondern jedes menschenwürdige Dasein überhaupt; daß er es geistig und seelisch zerstören würde, bevor sein stolzestes Produkt, die Atombombe, es auch physisch vernichtet. Wir behaupten, daß diese historisch vielleicht notwendige, aber auf die Dauer unerträgliche Eingangsphase der modernen Welt etwas Vorübergehendes und nur deshalb zu überstehen sein wird, weil es nicht nur alte unzerstörbare Substanz gibt, sondern deshalb auch die begründete Hoffnung auf eine menschlichere Modernität.

München, im Juni 1955

Zur vierten Auflage

Es ist nicht einzusehen, weshalb es verwerflich sein sollte, unsere Welt *nicht* für die beste aller möglichen historischen Welten, auch nicht für die beste aller denkbaren *modernen* Welten, auch nicht für eine der Kunst günstige Welt zu halten. Der wütende Affekt, den solche Feststellungen auslösen, zeigt, daß es nun die Nachzügler der ›avantgarde‹ von gestern sind, die den weiteren Fortschritt verhindern möchten. Es sind die *Künstler*, und gerade auch Anführer der Revolution, die seine Notwendigkeit einsehen (siehe dazu Seite 145).

München, im Januar 1956

Nachwort des Herausgebers*

1

Die Lebensarbeit Hans Sedlmayrs war den schönen Künsten und der Architektur gewidmet. In Monographien zentraler Werke und in der Deutung einzelner Persönlichkeiten und ganzer Epochen liegen die Ergebnisse dieser Arbeit vor, die nicht auf die Werke, Künstler oder Gattungen beschränkt blieb. Den Wert des einzelnen Werks hat kaum ein anderer Theoretiker so nachdrücklich betont und die Methode der ›Strukturanalyse‹, die er in die Kunstgeschichte einführte, war zunächst Analyse einzelner Kunstwerke. Doch schon früh interessierten den Gelehrten Strukturen im Zusammenhang der verschiedenen Künste, Geschehensstrukturen und die Struktur von Epochen.

Eine Einsicht hat diese Untersuchungen besonders geprägt: Im Lauf der Weltgeschichte werden ›Bilder‹ (als Statuen, Reliefs, Gemälde oder Zeichnungen) in ständig sich ändernden Formen und Dimensionen realisiert und in unterschiedlicher Art und Weise auf die Architektur (damit aber auf ihre Benutzer und Betrachter) hingeordnet. Läßt ihr Verhältnis zu einer gegebenen geschichtlichen Zeit über das jeweilige Selbst- und Seinsverständnis des Menschen tieferen Aufschluß erwarten? Daß die Architektur seit den frühen archaischen Hochkulturen den Rahmen für den Ort der Bilder vorbestimmt, hat weitreichende Konsequenzen. Denn wo die Architektur als ›Ordnungsmacht‹ verstanden wird, da bezeugen Veränderungen im Verhältnis der Künste zur Architektur einen Wandel der Ordnung.

* Der ›*Revolution der modernen Kunst*‹ liegt ein klares Konzept zugrunde, und das Buch bedarf keiner ›Einführung‹. Die folgenden Bemerkungen beschränken sich deshalb auf einige Gedanken zu dem Stellenwert, den es im Werk von Hans Sedlmayr (1896–1984) hat.

2

Die Untersuchungen Sedlmayrs zur Systematik, Geschichte und Ikonologie der mittelalterlichen Kunst (*›Das erste mittelalterliche Architektursystem‹*, *›Die Entstehung der Kathedrale‹*) gehören zu den Hauptwerken der neueren Kunstgeschichte; seine in gleicher Weise elementaren und weittragenden Beiträge zu Analyse und Interpretation der neuzeitlichen Kunst (*›Zur Revision der Renaissance‹*, *›Die 'macchia' Bruegels‹*; *›Österreichische Barockarchitektur‹*; *›Johann Bernhard Fischer von Erlach‹*) sind Eckpfeiler der Forschung. In groß gedachten Perspektiven reflektierte Sedlmayr die Gegenstände und Ergebnisse seiner Einzelforschungen letztlich in weltgeschichtlichen Zusammenhängen; die Aufsätze, drei Bände *›Epochen und Werke‹*, sind dafür paradigmatisch. In seinen Schriften *›Zur Theorie und Methode der Kunstgeschichte‹* machte er Prinzipien und Horizont seiner Erkenntnisinteressen transparent: *Kunst und Wahrheit* bezieht sich auf die Frage nach dem Wahrheitsgehalt der Künste, läßt sich aber auch auf den Autor beziehen, der wie kaum ein anderer die Erkenntnisziele und Prämissen seiner wissenschaftlichen Arbeit mitliefert.

Die universalhistorischen Forschungsziele Sedlmayrs (in der Tradition der ›Wiener Schule der Kunstgeschichte‹ nahezu selbstverständlich) sind von einem theoretischen Konzept getragen, das ihn früh zum führenden Methodologen der ›Strengen Kunstwissenschaft‹ machte. In den zeitlichen und sachlichen Konturen der ›Mittleren und Neueren Kunstgeschichte‹ konnte er aus denselben Gründen keine verbindlichen Grenzen und keinen bindenden Rahmen sehen. Die Fruchtbarkeit seiner ›offenen Methode‹ – der die Relativität von Subjekt und Objekt der Forschung ebenso selbstverständlich ist wie der Respekt vor der Eigenart der Gegenstände – wird in dem breiten Spektrum seiner wissenschaftlichen und publizistischen Arbeit deutlich. In ständig sich erweiternden Kreisen wandte er sich der vorgeschichtlichen, der antiken und spätantiken, der Kunst des Mittelalters und der Neuzeit zu. In einer Zeit, in der nationale Grenzen ebenso an Relevanz verlieren wie zeitliche und räumliche Entfernungen, proklamierte er als aktuelle Aufgabe den Entwurf einer ›Weltkunstgeschichte‹.

Zu Sedlmayrs Maximen gehörte, daß die beste Theorie auch die beste Praxis sei. In den letzten zwanzig Jahren hatte er sich energisch den aktuellen Fragen der praktischen Denkmalpflege gewidmet. Der Historiker, der seine Interpretation der Kunst der Vergangenheit als Arbeit an der Gestaltung der Zukunft verstand, griff aktiv in die Diskussion um die Erhaltung der alten Kunst ein; Schriften wie *›Die demolierte Schönheit‹* wurden dabei in nuce zu Manifesten der zeitgenössischen Denkmalpflege.

3

Der geistige und soziale Horizont dieses Mannes, sein theoretischer Ansatz und sein Wissenschaftsverständnis (das sich vom Konzept einer universalen Ontologie her entfaltete) lassen die häufig genannte Begrenzung des Fachs (sei es ›um 1800‹ oder ›um 1914‹) als absurd erscheinen. Wer mit Ernst über die *›Ursprünge und Anfänge der Kunst‹* arbeitet, kann sich der Forderung nicht entziehen, nach der Aufgabe der Künste in der Gegenwart zu fragen. Bereits der dreißigjährige Sedlmayr hatte sich mit der ›absoluten‹ Kunst befaßt; sein Aufsatz *›Der absolute Städtebau – Stadtbaupläne von Le Corbusier‹* erschien 1926 in der Zeitschrift ›Die Baupolitik‹. Daß er sich schon damals nicht auf ›formale Schönheiten‹ einschwor, sondern die Werke in ihrem sozialen Kontext begriff, mag ein Zitat belegen:

»*Zum Problemansatz:* Einmal: er ist zu einseitig bloß auf Verkehr und Hygiene zugeschnitten. Eine Stadt ist schließlich nicht nur ein Instrument für Verkehr und Hygiene. Ganz außer Betracht bleiben sozialpsychologische Erwägungen. Es mehren sich die Beobachtungen darüber, daß gewisse, vom Standpunkt materieller Sozialfürsorge einwandfreie Maßnahmen in dieser Hinsicht höchst *unerwünschte* Folgen mit sich bringen. (Ich denke hier zum Beispiel an die Erscheinung der ›Rentenhysterie‹ und Verwandtes). Was sich vielen naiven Betrachtern vor dieser Vision der 'modernen Stadt' spontan in den Worten aufdrängt: ›In einer solchen Stadt würde man zur Maschine‹, ist nicht falsche Romantik, sondern enthält ein bestimmtes Problem, das ebenso sachlich erwogen und gelöst werden muß, wie Verkehr und Hygiene …«

Sedlmayr befaßte sich kontinuierlich mit der Kunst der Gegenwart, die er unter vielfältigen Aspekten analysierte, stets jedoch unter dem leitenden Gesichtspunkt ihrer Symbol- und Symptomfunktionen interpretierte. Dabei sah er richtig, daß sich seit der Jahrhundertwende (wenngleich aus viel älteren Wurzeln) neben der ›Kunst‹ eine Welt von Phänomenen gebildet hat, die ihr wesensfremd, ja feindlich ist. Neben der ›Kunst‹ existieren ›Antikunst‹ und ›Nichtkunst‹, Welten sui generis, die mit der der ›Kunst‹ nicht verwechselt werden dürfen. Noch 1978 formulierte er dazu: »... Nichtkunst und Antikunst zielen nicht auf Kunst. Sie mit Unkunst zu verwechseln, ist der Irrtum der Banausen. Wobei man freilich hinzufügen muß, daß auch Nichtkunst und Antikunst das Ziel, das sie sich setzen, verfehlen können.«

4

Die Hauptschriften Sedlmayrs zur Kunst in der modernen Welt sind die Bücher *›Verlust der Mitte‹* (1948) und *›Die Revolution der modernen Kunst‹* (1955), die beide weit über den Kreis der ›Fachleute‹ hinaus eine nachhaltige Resonanz fanden. Daß der Titel *›Verlust der Mitte‹* in Büchmanns ›Geflügelte Worte‹ aufgenommen wurde, ist dafür ebenso Bestätigung wie die vielen Übersetzungen. *›Die Revolution der modernen Kunst‹*, 1955 für ›rowohlts deutsche enzyklopädie‹ verfaßt, erreichte in kurzer Zeit hohe Auflagen und wurde gleichfalls in zahlreiche Fremdsprachen übertragen. Das andauernde Interesse an diesen beiden Werken, die mit Recht als Klassiker der Kunst*geschichte* wie der Kunst*kritik* gelten, ist mehrfach begründet.

Eine *erste Begründung* liegt in dem Versuch des *Historikers* Sedlmayr, den Phänomenen der Kunst seit dem späten 18. Jahrhundert ihren weltgeschichtlichen Ort anzuweisen. Kunstwerke, so originell sie als Einzelwerke sein mögen, stehen im genuinen Zusammenhang einer umfassenden Tradition. Die Frage, ob alle Phänomene der ›Künste‹ in den vergangenen zwei Jahrhunderten in dieser Tradition stehen, führt zu der beunruhigenden Feststellung, daß zunehmend amorphe, kalte und ›tote‹ Materialien zum Substrat der Werke werden und deren Qualitäten bestimmen.

Das ist verbunden mit einer *zweiten Begründung:* Sedlmayr lehnt eine Beschreibung der Kunstwerke als ›Objekte‹ grundsätzlich ab. Er versteht die Werke als Träger einer spezifischen Sprache, mit der das Verhältnis des Menschen zu sich, zur Natur und zu Gott zum Ausdruck kommt. Wo die Werke, als bloß ›ästhetische Objekte‹, nicht mehr sprechen, können sie dennoch aufschließenden Wert besitzen: als ›kritische Formen‹ sind sie ›Symptome und Symbole‹ der Zeit.

Drittens: Kunstwerke existieren nicht ›abgelöst‹ (›ab-solut‹), für sich; als Hervorbringungen der schöpferischen Phantasie sind sie Sinnträger und dynamische Elemente des historischen Geschehens. Als materiale Bestandteile der menschlichen Gesellschaft kommen ihnen Funktionen zu, die über ihre bloß ästhetische Dimension weit hinausreichen.

Viertens: Sedlmayr geht von einem Konzept der Gestaltwahrnehmung aus, das (im weiteren Verstande ein anthropologisches) sich in verschiedenen methodischen Ebenen der Psychologie ausgliedert. Den wahrnehmungspsychologischen Fragen, die sich in seinen frühen Schriften an der Gestaltpsychologie des Wertheimerkreises entzündeten, folgen konstitutionspsychologische und personalpsychologische, für die vor allem der ›Aufbau des Charakters‹ von Philipp Lersch (1938) grundlegend werden sollte. Daß den Büchern ›*Verlust der Mitte*‹ und ›*Die Revolution der modernen Kunst*‹ tiefenpsychologische Ansätze vorausliegen, zeigt der Untertitel des ersteren: ›*Die bildende Kunst des 19. und 20. Jahrhunderts als Symptom und Symbol der Zeit*‹, aber auch Sedlmayrs Hinweis auf eine Äußerung des französischen Kunsthistorikers René Huyghe: »Die Kunst ist für die Geschichte der menschlichen Gemeinschaften das, was der Traum des individuellen Menschen für den Psychiater bedeutet.«

5

Von welchen methodologischen Überlegungen und erkenntniskritischen Prämissen Hans Sedlmayr auch immer ausging, seine Aussagen zur Kunst der Vergangenheit wie der Gegenwart gründen in jenem sublimen Bewußtsein von Verantwortlichkeit, das ein jedes Phänomen der materiellen Welt auf Sinn und Funktion überprüft. Das vom Menschen ›Gemachte‹, also auch das Kunstwerk, gehört nicht zum schlicht ›Gegebenen‹: Indem es gestaltet ist, be-deutet es etwas. Es hat Funktionen nicht nur im Hinblick auf die Deutung der

Welt und kann in der kritischen Rezeption nicht einfach hingenommen werden. Worin liegen Parameter der Beurteilung?

Sedlmayr besaß die ausgebildete Fähigkeit, ästhetische Qualitäten als Eigenschaften von ›Gestalten‹ zu erkennen und zu benennen; das war in der eminenten Begabung verankert, nicht nur ›formale Systeme‹, sondern auch ›Physiognomien‹ zu begreifen und Dinge als zusammengehörig zu erkennen, die dem normalen Verstande als heterogen erscheinen. ›*Gestaltwahrnehmung*‹ (das subjektive Fundament der Strukturanalyse) kann nicht auf das ›interesselose Wohlgefallen‹ des Ästheten abzielen, dem das Kunstwerk ein letzter Zweck und sinnvoll allein aufgrund der Tatsache ist, daß es produziert wurde.

Von Anbeginn seiner Arbeit war die Wahrnehmung von Gestalten mit dem Gespür für immanente Bedeutungen verbunden; meisterhaft sind seine Darlegungen in dem Aufsatz ›*Die 'macchia' Bruegels*‹. In dem kleinen Buch ›*Michelangelo. Versuch über die Ursprünge seiner Kunst*‹ (1940) legte er zum erstenmal an einem konkreten Beispiel dar, welchen Rang in seiner Theorie das ›physiognomische Verstehen‹ hat. Der ›anschauliche Charakter‹ ist das qualitative Moment am Kunstwerk, in dem (in der ›Einheit von Sinnen und Geist‹ begründet) die ›Einheit von Lautung und Bedeutung‹ gegeben ist: Die Bedeutung eines Kunstwerks ist in und mit seinem Ausdruck anschaulich.

Neben dem Konzept von der Einheit der Künste, in dem sie unter der Führung der Baukunst ein integratives Ganzes bilden, steht also eine konzise Auffassung von der Kunst als Sprache und von der Verankerung der Sprachqualitäten in anschaulichen Charakteren. Hervorbringungen der menschlichen Phantasie, die sich nicht mehr auf Mitteilung richten und schließlich nur noch auf sich verweisen, sind ›ab-solut‹ und gelten als Symptom individualistischer Autonomie. Sie haben keinen Konnex mit anderen Werken und geraten zum Beliebigen.

6

In der ›*Revolution der modernen Kunst*‹ sind die verschiedenen methodischen Ansätze in einen neuen Zusammenhang gebracht, in dem die Frage nach den Sprachqualitäten der ›modernen Kunst‹ mit der nach ihren anschaulichen Komponenten verbunden ist. Sedlmayr fragt nicht mehr allein nach ›kritischen Formen‹, sondern nach ›Primärphänomenen‹. Im Vorwort schreibt er dementsprechend: »Das Buch ›Verlust der Mitte‹ hat davon gehandelt, was die Kunst der letzten zwei Jahrhunderte vom Schicksal des Menschengeistes in dieser Zeit verrät... diese Schrift handelt davon, was diese Kunst... im Grunde *ist.* Erst wenn diese Fragen beantwortet sind, wird man versuchen können, eine Kunst*geschichte* dieser Epoche zu schreiben.«

Es wäre verkehrt, von diesem Buch eine Einführung in die *geschichtliche* Problematik im eminenten Sinne des Wortes zu erwarten. Sicherlich geht es dem Autor um die ›bewegenden Kräfte‹, um ›Intentionen‹ und um ›Bewegungen‹, ›Gattungsprobleme‹, Probleme des ›Inhalts‹ und der ›Form‹; doch ist er sich voll der Tatsache bewußt, daß er selbst in dieser ›Epoche‹ lebt und schon deshalb nicht ›objektivieren‹ könnte. So strebt er weder ›Vollständigkeit‹ im Materialbereich noch die chronologisch stringente Ordnung des Materials an. Sein Ziel ist Einsicht:

- in die Struktur sachlicher Gegebenheiten, dic als ›Kunstwerke‹ gelten;
- in die Transformationsprobleme der Gattungen und damit verbundene Veränderungen von Struktur und Funktion der Werke;
- in veränderte Intentionen der Künstler und darin implizierte Änderungen der Zweckbestimmung;
- schließlich geht es ihm um Ziele, die mit all diesen Transformationen der Kunst in den letztvergangenen zweihundert Jahren verfolgt und die in den diversen Trends je neu statuiert werden.

7

Daß hier jemand am Werk war, der sich von den anschaulichen Qualitäten der ›modernen Kunst‹ wie kaum ein zweiter attrahiert fühlte, zeigen die ebenso lapidaren wie tiefen Charakterisierungen einzelner Werke und einzelner Bewegungen, die in die konstruktive Perspektive von ›Primärphänomenen‹ gestellt werden.

Ziel seiner Arbeit ist zu erkennen, »was die ›moderne Kunst‹ im Grunde ist, aus welchen geheimen Motiven des Geistes sie erwachsen ist, zu welchen ihr selbst kaum bewußten Zielen sie drängt« (oben S. 12). Die Wege, die er auf dieses Ziel hin beschreitet, hat er in ihren Möglichkeiten klar beschrieben, aber auch in ihren Grenzen erkannt. Die strukturelle Reduktion, »die Rückführung einer Vielfalt sich entfaltender Teilphänomene auf ihre gemeinsame Wurzel« führt zu Primärphänomenen; doch »es wäre nun nichts verkehrter, als zu meinen, daß durch die Rückführung auf wenige Primärphänomene das Ganze des historischen Geschehens, an dessen Ende die heute ›moderne Kunst‹ steht, ›konstruiert‹ werden sollte. Ein solcher Versuch wäre selbst von äußerster und gefährlicher Abstraktheit« (oben S. 13).

8

Die Primärphänomene sind Grundlage der Kapiteleinteilung dieses Buches und brauchen hier nicht referiert zu werden. Es ist jedoch von größtem Interesse, daß sie auf der Beobachtung solcher anschaulichen Qualitäten gründen, die dem Organischen feindlich und dem Leben nicht mehr amalgamierbar sind. Wenngleich er nicht versuchte, eine Kunst-*Geschichte* der Moderne zu schreiben, so kam er doch zu einer ›Wertung‹. Prinzipien, Ziele und Methoden dazu hat er oft beschrieben; es wird offensichtlich, daß sich seine Wertungen primär nicht auf die Künste oder den Künstler beziehen, sondern auf den Zustand der zivilisierten Welt, den zu be-deuten es die Symptom- wie Symbolfunktion der Kunstwerke ist.

Erst in zweiter Linie (dort, wo es ihm um die ›Unterscheidung der Geister‹ geht) kommt er zu Wertungen der Kunst, die in wenigen theoretischen Annahmen gründen:

- Die Werke der Bildenden Kunst und der Architektur sind als Elemente der materiellen Wirklichkeit tatsächlich vorhanden und relativ zur Wirklichkeit der Natur wie der Gesellschaft.
- Als Elemente der Wirklichkeit haben die Kunstwerke eine spezifische ›Wirkung auf das Bewußtsein des Betrachters‹ und können sein Verhalten bestimmen. Der sozialpsychologische Aspekt der Kunstwerke ist nicht zu bestreiten.
- Kunstwerke als *Kunst*werke zeichnen sich durch ihre Sprachvalenz aus. Die bildende Kunst kann auch dort, wo sie nichts abbildet und ihren Sprachcharakter verliert, etwas be-deuten.

- In den geschichtlichen Bewegungen der Künste kann die Sprachvalenz der Kunstwerke verfallen; diese sind dann nur scheinbar noch Kunstwerke, tatsächlich aber ›ästhetische Objekte‹, die der Beliebigkeit ihrer Produzenten entspringen und keinen Wahrheitsgehalt mehr besitzen. *Nun entsteht neben ›Kunst‹ und ›Antikunst‹ das Phänomen der ›Nicht-Kunst‹, das Produkt der (ironischen) Beliebigkeit.*
- In der Geschichte der Künste gibt es Bewegungen, in denen die Korrelation der verschiedenen ›Gattungen‹ sich verändert. Dies geschieht aber nach Maßgabe eines kategorialen Rahmens, der durch die materiellen und geistigen Dimensionen der Architektur gegeben ist. Der Baukunst fällt damit eine gewissermaßen kybernetische Aufgabe zu.

9

1976 veröffentlichte Sedlmayr den Essay *›Kunst, Nichtkunst, Antikunst‹*, der in der Entschiedenheit der Wertung über *›Die Revolution der modernen Kunst‹* hinausreicht. Stärker als zuvor geht es dem Autor um die Stellung des zeitgenössischen Künstlers in der Gesellschaft; um Auftragssituationen; um die Reproduktion älterer – nicht mehr aktueller – Intentionen und ›Stile‹; um Selbst- und Fremdbestimmung der Künstler; vor allem aber um die Frage nach den Grenzen von ›Kunst‹, ›Nichtkunst‹, ›Antikunst‹ und ›Unkunst‹. An entscheidender Stelle formuliert er: »Innerhalb der immanenten und autonomen modernen Welt ist die Abschaffung der Kunst ein Akt absoluter Folgerichtigkeit. Die große Lüge aber ist, daß das, was nicht mehr Kunst sein wollte, wieder als Kunst ausgegeben, besprochen, kritisiert und verkauft wird, aus Unfähigkeit zu unterscheiden, oder unter dem Druck der Profiteure des Kunstmarkts, oder weil man glaubt, was sich nur ›Kunst‹ nennt, unter allen Umständen fördern zu müssen.«

Aus den Schriften Sedlmayrs ergeben sich weitreichende Konsequenzen, die in die persönliche Entscheidung eines jeden fallen, der sich mit den Künsten befaßt. Denn die Kunstwerke sind nach dieser Lehre intelligible Realitäten, die in der richtigen Wahrnehmung eine dynamische Einheit mit ihren Betrachtern bilden. Darin ist klar ausgesprochen, daß die Kunstwerke der Idee nach keine ›Objekte‹ sind, deren Wert oder Unwert einzig von der Intention ihrer Urheber abhinge. Es sind auch nicht nur schlicht ästhetische Gebilde, in deren formalem Aufbau sich Intention, Handschrift und Stilwille ihrer Produzenten fassen lassen. Kunstwerke sind substantiell anschauliche Qualitäten, in denen sich die ›geistige Situation der Zeit‹ ein Ausdrucksmittel und Werkzeug schafft. Aufgabe der Kunstgeschichte und der Kunstkritik ist es, die Symptome zu erkennen, die Symbole zu verstehen und die Botschaft zu vermitteln. Die Werke der Kunst, die in den vergangenen zweihundert Jahren entstanden, haben nicht nur das ästhetische Gesicht unserer Welt geprägt; sie signalisieren nicht nur den zunehmenden Identitätsverfall des Individuums, sondern auch die Desintegration im Verhältnis von Mensch und Natur.

Die *›Revolution der modernen Kunst‹* handelt »... von den beiden historischen Revolutionen: von 1789 und von 1917... Sie erzählt nicht die Geschichte dieser Revolutionen, sondern versucht die innere Logik, das Zusammenwirken ihrer Triebfedern zu zeigen, sozusagen ein ›Modell‹ des mit einer Art innerer Notwendigkeit ablaufenden revolutionären Prozesses aufzustellen«. In der Konsistenz der Gedankenführung sucht dieses schmale Buch seinesgleichen. Das Spannungsfeld, in dem es noch heute, dreißig Jahre nach seinem ersten Erscheinen, seine Brisanz findet, ist nicht in immanent-ästhetischen Maximen begründet. Sedlmayr ging es stets um Fragen der menschlichen Existenz in der gegenwärtigen Zivilisation, in der sich neue, unmenschliche Normen etablieren. Der Mensch, durch perennierenden Krieg und verhärtete ideologische Lager geprägt, wird zwangsläufig auf einen Konformismus verwiesen, der dem Begriff von menschlicher Freiheit spottet. Dabei gerät er in die akute Gefahr, die Symptome der Zeit als ihre ›Ideale‹ mißzuverstehen; daß es die technisch reproduzierenden Medien sind, die eine solche neue Idolatrie inszenieren, indem sie die Intentionen der Künstler ins scheinbar positive Bild dieser Welt verkehren, gehört zu den zentralen Ergebnissen von Sedlmayrs Analysen. Zugleich damit wird der Mensch selbst in jene von Sedlmayr so nachdrücklich geschilderte Sphäre des Anorganischen, Sterilen und Amorphen gedrängt, die in so vielen Werken anschaulich ist, die zunehmend zu

Kenn-zeichen einer verödeten Umwelt werden: Was im Jahre 1955 durch die Künste signalisiert wurde, ist zum Stigma der zivilisierten Welt geworden.

So liest sich dieses Buch, das aus Erfahrung und scharfsichtiger Analyse entstand, heute nahezu wie eine Vision. Der Mahnruf, den Sedlmayr seinem Nachwort zum ›Verlust der Mitte‹ beigab, ist unüberhörbar:

TUA RES AGITUR

München, im September 1985 *Friedrich Piel*

Verzeichnis und Nachweis der Abbildungen

Umschlagvorderseite: Paul Klee: Der Bote des Herbstes (Detail), 1922/69. Aquarell und Feder, 26,4 × 33,3 cm. Yale University Art Museum, Collection of the Societé Anonyme.

Namen- und Sachregister

Namenregister

Sachregister

Copyright-Nachweis

DuMont Taschenbücher

Stand Herbst '85

103 Badt, Die Farbenlehre van Goghs
104 Hansmann, Die Apokalypse von Angers
105 Foerster, Das Barock-Schloß
106 Gardner, Mathematik und Magie
107 Elffers/Schuyt/Leeman, Anamorphosen
108 Adriani/Konnertz/Thomas, Joseph Beuys
109 Fischer, Hanse-Städte
110 Spitzing, Das indonesische Schattenspiel
111 Presler, L'Art Brut
112 Adrion, Die Kunst zu zaubern
113 Bialostocki, Stil und Ikonographie
114 Schulz, Der Kuckuck und der Esel
115 Hofmann, Ton
116 Champion, DuMont's Lexikon archäologischer Fachbegriffe und Techniken
117 Assunto, Die Theorie des Schönen im Mittelalter
119 Petsch, Geschichte des Auto-Design
120 Grünebaum, Buntpapier
121 Berger, Malerinnen auf dem Weg ins 20. Jahrhundert
122 Schmidt-Brümmer, Wandmalerei
123 Winzer, DuMont's Lexikon der Möbelkunde
124 Dohmen, Die Lithographie
125 Vielmuth/Kandorfer, Fachwort-Lexikon Film · Fernsehen · Video
126 Kellerer, Der Sprung ins Leere
127 Schulz, Rapunzel
128 Bro, Wie lerne ich zeichnen
129 Koch-Hillebrecht, Die moderne Kunst
130 Gruber/Vedder, DuMont's Handbuch der Video-Praxis
131 Keilhauer, Die Bildsprache des Hinduismus
132 Merker, Die bildenden Künste im Nationalsozialismus
133 Salberg-Steinhardt, Die Schrift
134 Pochat, Der Symbolbegriff in der Ästhetik und Kunstwissenschaft
135 Schüssler, Die ägyptischen Pyramiden
136 Harjes, Handbuch zur Praxis des Freien Theaters
137 Pevsner, Wegbereiter moderner Formgebung
139 Schulz, Guten Tag!
140 Schmidt-Brümmer, Alternative Architektur
141 Stützer, Die Kunst der römischen Katakomben
142 Wittkower, Allegorie und Wandel der Symbole
143 Warnke, Politische Architektur
144 Magall, Kleine Geschichte der jüdischen Kunst
145 Fixx, Rätsel und Denkspiele mit Seitensprung
146 Hagen, Meisterwerke europäischer Kunst
147 Knuf, Amulette und Talismane
148 Violet, Kleine Geschichte der japanischen Kunst
149 Treat, Detektive auf dem Glatteis
150 Lavizzari-Raeuber, Thangkas
151 Kraft, Psychoanalyse, Kunst und Kreativität heute
152 Dunkel, Schattenfiguren – Schattenspiel
153 Ebeling, Masken und Maskierung
154 Biedermann, Höhlenkunst der Eiszeit
155 Namislow, Oktagram
156 Stützer, Kleine Geschichte der römischen Kunst
157 Maenz, Die 50er Jahre
158 Rochester/Gantz, Der nackte Computer
159 Rolf, Kleine Geschichte der chinesischen Kunst
160 Freier/Sarrazin, Fotos: Selbst entwickeln – Selbst vergrößern
161 Fraenger, Von Bosch bis Beckmann
163 Küppers, Die Farbenlehre der Fernseh-, Foto- und Drucktechnik
164 Gallagher, Wohnzimmerspiele – alt und neu
165 Berger/Tugendhat, Der Garten der Lüste
166 Graak, Künstler-Spielkarten des 20. Jahrhunderts
167 Neumann, Bauhaus und Bauhäusler
168 Robbins, Das Geheimnis des goldenen Jaguar
169 Kemp, Der Betrachter ist im Bild
170 Sedlmayr, Die Revolution der modernen Kunst
171 Gombrich, Eine kurze Weltgeschichte für junge Leser
172 Schickele, Die endgültige Biographie des P. D. Q. Bach
173 Helm, 555 Teekessel